Ouvrage réalisé à l'occasion des RENCONTRES INTERNATIONALES ART CINEMA/ ART VIDEO/ ART ORDINATEUR organisées par A.S.T.A.R.T.I. pour l'Art Audiovisuel à la Vidéothèque de Paris du 17 au 21 janvier 1990. Avec le soutien du Ministère de la Culture et de la Communication (C.N.C., D.R.A.C. Ile-de-France, D.A.G.E.C.) et de la Vidéothèque de Paris. Avec le concours du Conseil de l'Europe, du Département Audiovisuel et Photographique de la Ville de Paris, Arts Abroad Toronto, Délégation de l'Ontario, Service des Arts Visuels de l'Ambassade du Canada, Goethe Institut, British Council, Institut Autrichien, Institut Culturel Italien, York University Art Gallery, Radio du College Jean Vilar. Avec l'aide du M.N.A.M. / Centre Georges Pompidou, I.N.A., Arts Council Grande-Bretagne, London Filmmakers' Coop, C.N.A.P. / Departement Nouvelles Technologies, A.I.I. - E.N.S.A.D., Light Cone Paris. Avec la caution de l'Institut d'Esthétique de l'Université de Paris 1 Sorbonne. Pour leur soutien et leur collaboration nous remercions tres chaleureusement : Yves Chevallier, Pierre Forni, Jean-Christophe Théobalt, Michel Romand-Monnier, Véronique Cayla, Sylvie Faivre d'Arcier, Dominique Margot, Elaine Rudnicki, Brigitte Kaiser-Derenthal, Barbara Dent, Rudolf Altmüller, Chantal Darcy, Fernando Caruso, Mara Muscetta, Gérard Weiss, Bernard-Alain Brun, Loretta Yarlow, et le collectionneur William Moritz. Pour leur conseil à la sélection : Lola Bonora, Mike O'Pray, Moira Sweeney, Eurydice Trichon-Milsani, Nelly Voorhuis. Pour nous avoir donné acces à des collections ou nous avoir permis des visionnements de films et de bandes vidéo : Pierre Henon, Jean-Michel Bouhours, Martine Bour, Yann Beauvais, David Curtis, Ileana Tounta, Manthos Santorinaios, Nicos Yannopoulos, Gladys Fabre, Anne-Marie Duguet, TV Mondes. Pour leur accueil : Monique et Michel Monory, Institut Français à Londres, Jim Shedden, International Experimental Film Congress, Toronto, Alfred Rotert et Ralf Sausmikat, European Media Art Festival, Vera Frenkel. Pour leur collaboration, les organismes de diffusion : Grand Canal, Light Cone, Paris Film Coop, CinéDoc, London Filmmakers' Coop, London Video Access, British Film Institute, Electronic Arts Intermix, Canadian Filmmakers' Distribution Center. Pour avoir mis à notre disposition des copies de films et de videos: M.N.A.M., I.N.A., C.N.A.P., Ex Nihilo. Nous tenons à remercier également: Henri Sylvestre, Ramon Tio-Bellido, Joel Boutteville, Lysiane Léchot, Pierre Emmanuel Audan, Catherine Bareau, Pascal Auger, Michael Maziere, Hugues Allart, Laurent Violette, Odile Mainemare, Jem Leigh, Sébastien Nahon, Christian Morin, Michele Chomette, Kaye Mortley, Françoise Pasquier, Dominique Schraen, Sylvie Barré et les Editions DIS VOIR. EQUIPE DES RENCONTRES : Direction artistique / coordination générale : Maria Klonaris et Katerina Thomadaki Responsable technique : Deke Dusinberre Assistantes à l'organisation : Cécile Chich, Christine Rey avec l'aide de Michele Brandini et Natacha Duviquet, Presse : Yvette Sautour 42 52 3146. Conception graphique et photographique : Françoise Courbis, Christian Rondet.

Nous tenons à remercier tous ceux qui nous ont aidés à réaliser cet ouvrage et tout particulièrement les artistes qui nous ont permis de reproduire leurs textes et leurs photos.

Aussi, William Moritz pour son aimable contribution, Yann Beauvais pour les documents venant du catalogue et des archives de Light Cone, Jean-Michel Bouhours pour ceux venant du M.N.A.M., Dominique Noguez, Malcolm Le Grice, Mike O'Pray, Eurydice Trichon-Milsani, pour nous avoir permis de reproduire des extraits de leurs textes dans le Dictionnaire des artistes. Ainsi que pour leur aimable autorisation à la reproduction de leurs photos tous les photographes dont les images illustrent ce livre.

Nous tenons aussi à remercier tout particulièrement Cécile Chich pour son aide considérable (pour le dictionnaire des artistes) ainsi qu' Yvette Sautour, Christine Rey, Natacha Duviquet, Marie-Paule Ramo, Sylvie Barré, Micheline Jolivet, Gilbert Aurejac, Marc Lefrançois, Jean-Claude Mathieu, Sok-Khim Tran, Patrick Lebedeff et les traducteurs : Yann Beauvais, Myriam Bloedé, Cécile Chich, Barbara Dent, Maria Klonaris, Miles Mac Kane, Yves Sarda, Katerina Thomadaki, Guillemette Belleteste, Philippe Pilard.

Sans oublier Michel Romand-Monnier et Ramon Tio-Bellido pour l'intérêt qu'ils ont porté à ce projet.

Photo Couverture : Nil Yalter, "Rien n'est à moi, rien n'est de moi" - Marquis de Sade.

© DIS VOIR
9 RUE SAINT-AUGUSTIN
75002 PARIS
TEL 40 20 02 46
ISBN 2-906-571-14-8

OUVRAGE REALISE SOUS LA DIRECTION DE MARIA KLONARIS ET KATERINA THOMADAKI

TECHNOLOGIES ET

IMAGINAIRES

ART CINEMA

ART VIDEO

ART ORDINATEUR

MARIA KLONARIS KATERINA THOMADAKI

FLORENCE DE MEREDIEU

PATRICK DE HAAS

MICHAEL O'PRAY

EDMOND COUCHOT

JOHN H WHITNEY

MARIE-JOSE BAUDINET-MONDZAIN

JEAN LOUIS SCHEFER

OUVRAGE PUBLIÉ AVEC LE CONCOURS DU
CENTRE NATIONAL DE LA CINEMATOGRAPHIE - SERVICE NOUVELLES TECHNOLOGIES
CENTRE NATIONAL DES ARTS PLASTIQUES - F.I.A.C.R.E
ET AVEC LA COLLABORATION DE
A.S.T.A.R.T.I. POUR L'ART AUDIOVISUEL

SOMMAIRE

AVANT-PROPOS

Technologies, imaginaires. Point de vue : le regard que l'artiste, comme *transformateur,* peut porter sur les outils qui ne lui sont pas des corps étrangers, mais des catalyseurs d'imaginaire. Un regard de l'intérieur.

Impossible d'approcher, sans mises au point techniques, ces oeuvres sculptées sur les technologies. D'où l'insistance ici sur les outils et les procédés.

Chimiques, électroniques ou informatiques, les technologies de l'image traversent et transforment le visible et le tangible. On dit que le cinéma doit disparaître, que l'image électronique doit remplacer l'image chimique et que la synthèse numérique va abolir cinéma et vidéo (l'oeil à la caméra) et jeter en désuétude toute une conception de l'image et du monde.

La force des oeuvres donne à voir ce que chaque technologie implique de différent comme rapport au sensible, à la matière, au monde. La complémentarité des démarches fait penser que, pour l'art, l'équilibre entre chimie, électronique et informatique devrait être sauvegardé comme un équilibre écologique. Surtout que les circulations actuelles entre technologies montrent à quel point l'une peut s'enrichir du potentiel de l'autre.

Art cinéma, art vidéo, art ordinateur. L'habitude les veut cloisonnés, les discours les situent souvent dans une dynamique compétitive, les spécialistes se contentent d'un savoir local. Commodité ? Si vidéo et ordinateur partagent certaines modalités ou circuits, le fossé est devenu profond entre la chimie et l'électronique. Pourtant les images en mouvement font partie d'une même histoire.

Perspective de synthèse : nous tenterons quelques premières mises en relation. Nécessaires pour que chaque medium puisse s'enrichir de l'histoire de l'autre. L'art s'accommode mal des barrières et les cloisonnements aujourd'hui nous paraissent anachroniques.

M.K. - K.T.

INTRODUCTION

Le fixe et le mobile (départs de la peinture). L'invention du cinéma a introduit une nouvelle forme de temporalité dans les arts plastiques : *l'impression du mouvement* produite par une succession rapide de fixités. On l'a appelée "animation" supposant l'absence d'âme vivante dans le fixe.

Nul doute que l'intégration de ces formes animées générées par médiation technologique devait rencontrer de majeures résistances de la part d'un circuit plastique institué sur : le rapport du spectateur à *une* image, l'idée de l'oeuvre comme objet, les modalités pratiques de son exposition et les prérogatives du marché de l'art. Les artistes engagés depuis le début du siècle dans la production d'images mouvantes sur support film et, plus récemment, vidéo n'ont pas cessé de se heurter contre la frontière de l'art vu comme image fixe.

Heurts sur une frontière de verre et sous la pression d'ombres : pour l'art cinéma l'ombre de l'industrie cinématographique nourrie du modèle romanesque et théâtral, pour l'art vidéo l'ombre de la télévision et des codes des mass media. Ombres de ce à quoi ils devraient théoriquement appartenir, vu le support. Mais les arts du mouvement s'en détachent. Décollages. A travers la limite et par-dessus l'ombre, l'exploration intense de la plasticité du médium : traitements de l'image, du temps, du mouvement, de la matière, de la couleur, de la lumière - genèses de dispositifs pour la vision.

Les oeuvres mouvantes générées par les technologies chimiques, électroniques, informatiques, font partie de l'histoire de l'art du XX ème siècle, se situant même dans ses régions les plus lucides et les plus insoumises. Elles constituent à elles seules une autre histoire de l'art, du regard, de la mobilité des perceptions et des projections - de l'imaginaire.

Dans son rêve le tableau s'animait. "Une fois j'ai fait le rêve suivant : j'étais au vernissage d'une exposition de mes propres peintures. Il y avait une vingtaine de personnes présentes dans la galerie. Je me sentais embarrassé, effrayé par l'état des tableaux - aucun n'avait trouvé une forme définitive... J'ai compris qu'il fallait remplacer les peintures par le processus de leur fabrication. Je décroche, alors, une des peintures laissant un mur blanc. Cette surface devint immédiatement sensibilisée comme une espèce de membrane. Je commençais à projeter sur cette membrane l'expérience entière de la construction de chaque peinture, tout ce que j'aurais voulu y incorporer. Le mur devenait une peinture mouvante, infiniment sensible à chaque projection de mon esprit..." David Wharry (1)

Miroir. Peinture mouvante. Un portrait. Mortuaire ? Un miroir qui conserve l'image au lieu de l'oublier. Fresque aux retentissements byzantins. Un homme se tient debout, nous fixe du regard. La matière de l'acrylique a hâtivement condensé ses traits, le geste du peintre y est encore palpable. Frontalité. Silence immobile du tableau. Mais comme une larme qui trouble les certitudes du cristallin ou comme une de ces émanations de vapeur captées par Bill Viola dans le désert de Chott-el-Djerid, une légère brume se dégage du corps. Un double imperceptiblement mobile. Spectre électronique. Le tableau capte l'instant où le double se sépare du corps dense. Il capte le mystère de cet instant. La lumière projetée éteint la matière peinte. Portrait de Spiros Sakkas par Costas Tsoclis, peintre.

Outils, membranes, pierres. Si chaque technologie est codification d'un point de vue sur le monde, l'imaginaire de l'artiste, principe actif, vient déstabiliser ce point de vue. Il agit comme une loupe ou comme un acide : il amplifie jusqu'à leur déformation les structures techniques, épuise leurs limites, ou bien exerce une force sur leurs configurations, les dépense, les dépasse, les réinvente, invente à côté, plus loin, ailleurs. Ce sont les machines conçues par Oskar Fischinger, Jordan Belson, John Whitney, Nam June Paik, Michael Snow, Woody Vasulka.

Porteuse de limites, la technologie agit elle aussi sur l'imaginaire de l'artiste, comme stimulateur de transgressions et de formes. Un effet de modelage de cette pensée inerte qu'est le dispositif technologique de production d'images (et de sons) fait écho au modelage des perceptions et des projections de l'artiste par l'outil technologique de son choix. L'outil est là comme une ouverture, un champ à impressionner, une membrane sensible.

Art cinéma, art vidéo, art ordinateur - arts technologiques s'équilibrant sur un sol glissant. Car on sait que les technologies ne sont pas gérées par l'art mais par l'industrie. C'est elle qui détermine leur apparition, leur mise en circuit, leur disparition. Les formats du film se modifient, les standards vidéo changent, les équipements sont retirés du marché, le temps de vie des outils se diminue constamment avec l'accélération de la production de nouveaux procédés. Cette logique commerciale est responsable des affrontements entre technologies dont on retrouve les échos dans le monde de l'art. La dynamique compétitive qui en résulte postule la supériorité du "nouveau" sur "l'ancien", du prochain sur le précédant : cette "néfaste idée de progrès dans les arts. Il n'y a de progrès que dans l'industrie". (2)

Pour l'artiste qui résiste à ces aliénations, le moins "perfectionné", l'ancien, le désuet, le disparu peuvent même être détonateurs d'imaginaire, à cause du hors-temps, de la distance prise vis-à-vis des standardisations mass-médiatiques qui envahissent notre espace quotidien. Pourquoi Man Ray ne rejetterait-il pas les appareils sophistiqués alors qu' il était capable d'imaginer des techniques qui étendaient le champ même du medium, comme les rayogrammes du *Retour à la Raison* ? Werner Nekes collectionne des machines anciennes de cinéma, Paolo Gioli et Steve Farrer s'inspirent de la caméra-tireuse-projecteur des Frères Lumière pour construire leurs propres appareils capables d'images qu'aucune caméra dans le commerce ne pourrait rivaliser.

◄ 1

Excédé par les discours sur la disparition du cinéma, Stan Brakhage déclara que si toute caméra, toute pellicule, tout projecteur devaient demain disparaître, il irait graver des pierres à côté d'une rivière et qu'ensuite il les ferait rouler l'une après l'autre dans l'eau, et cela serait *un film*. (3)

Salle noire. Immersion dans la chambre noire du cerveau, dans le lit du rêve. La lumière réfléchie, après avoir épousé l'écran vient envelopper le regard comme un velours. Cette lumière a voyagé. Elle a traversé la transparence de la pellicule et l'espace qui sépare le projecteur de l'écran, et dans lequel le regard du spectateur est contenu. Faisceau lumineux et faisceau du regard suivent la même direction, en harmonie.

Destinataire de ce parallélisme des regards, l'écran. Surface réceptive, attirante, lieu de l'illusion de la profondeur du monde.

La salle noire du cinéma, le dispositif matriciel, l' "autre scène", la projection. Le rêve comme projection, la projection comme rêve, le sujet dans sa profondeur, la profondeur non niée - valeurs passées ?

Si la salle de cinéma, l'un des derniers rituels de la vie urbaine est en voie de disparition, c'est encore le symptôme d'une perte de profondeur. L'être humain prochain se passerait-il bien d'inconscient ? de mémoire ? d'origine ?

Tactilité et luminescence.Tâches, ombres colorées, particules désordonnées, foisonnantes : peintures projetées. Comparée à la bande magnétique, la pellicule est certes davantage *matériau*. Les artistes cinéastes l'ont révélé. Peinte, grattée, déchirée, traitée chimiquement (Len Lye, Carolee Schneemann, Maurice Lemaître, Stan Brakhage, Christine Schlegel...), brûlée, perforée, devenue lieu de cultures organiques (mousse par Brakhage, bactéries dans **Stadt in Flammen** par les Schmelzdahin), la pellicule reste du visible transparent, superficie plastique avec addition de temps et de mouvement. Le photogramme, miniature du tableau.

Autres étapes du tactile : le montage ou le tirage manuel de la copie (Pat O'Neill, Malcolm Le Grice, David Larcher, Michael Mazière, Moira Sweeney, Claudia Kölgen, Sandra Davis, Jean Matthee, Barbara Hammer). Les transformations de l'image se travaillent en contact direct avec le matériau. Elles se jouent sur l'affection pour cette corporéité transparente, fragile, précieuse. "Il y a un cercle du touché et du touchant, le touché saisit le touchant". (4)

Rupture du tactile. En vidéo on ne touche plus le matériau. Car le matériau s'est déplacé de la physicalité du celluloïd à l'incorporel du signal lumineux. La bande magnétique, elle, enfermée dans une cassette est inaccessible. Le champ d'intervention de l'artiste, se déplace. Le pôle d'attirance est ici la lumière. Lumière fractionnée, irradiée, scintillante, générant des couleurs fluorescentes et des rémanences irisées. Lumière-surface. C'est sa texture granuleuse qui attire Thierry Kuntzel (**Still**), sa chromaticité luminescente que sculpte Jean-Michel Gautreau (**Insights**), sa rémanence spectrale intensifiée par l'usage d'un oscilloscope que décrit Robert Cahen (*Parcelle de Ciel*). Et cette simple rémanence du reflet prolongé sur les eaux troubles de Venise qui hante le regard de Angela Melitopulos (*Aqua Sua*).

L'énergie de la main. Lueur mobile du reflet, la main dilue le paysage. Sans dispositifs d'effets spéciaux en post-production. La main décide du visible. Elle écrit, dessine, transforme les angles en courbes et les courbes en angles. Bouleverse le haut et le bas, fait éclater les formes, libère l'énergie emprisonnée dans les contours. Mouvements rapides de la caméra, mesure d'un temps condensé. L'image naît de sa fuite.

Deux outils ont permis les libertés les plus extrêmes de mouvement : la paluche, inventée par Jean-Pierre Beauviala et le Super 8. Après avoir laissé ses traces instables et fuyantes dans des oeuvres vidéographiques de la fin des années 70 (Jean-André Fieschi, François Pain, Thierry Kuntzel), la paluche s'est tue. Le Super 8 a envahi la scène de l'art cinéma en France depuis 1976, déclenchant une fièvre créatrice. L'oeuvre de nombreux artistes lui doit son existence et le médium doit à ces oeuvres la révélation de son potentiel : flamboyantes écritures visuelles de Teo Hernandez (*Tranches*, *Pas de ciel*, *Lacrima Christi*), brillances désinvoltes et ingéniosité du montage chez Stéphane Marti (*Ora Pro Nobis*, *Climax*, *La Cité des Neuf Portes*), rugosités et intimités des images de Michel Nedjar (*Angle*), ombres et défigurations dans l'univers matriciel de Valérie Petit (*Anubis Nout*).

La main - la caméra : une danse, un circuit d'énergie. En voie de disparition ? De l'analogique au numérique, la caméra se perd au passage. Les images seront-elles désormais *saisies* par le langage informatique ou logico-mathématique ?

Motricités futures. Un système très nerveux traduit le mouvement en son. Chaque geste effectué dans un champ précis a une répercussion sonore immédiate. Le geste est capté par des caméras fixes qui délimitent l'espace. Le son est diffusé par des haut-parleurs situés autour du terrain sensible. Le geste est dirigé vers la caméra, le son vers le corps en mouvement, ce qui perturbe l'identification du corps avec son double sonore. Des gestes dansants, semblables à ceux des chorégraphies de la caméra légère, décrivent des trajectoires dont la forme visible devient aussitôt forme sonore. Au mouvement répond le son. Système dialogique, installation interactive de David Rokeby (*Body Language-Very Nervous System*).

Décloisonnements. On remarque un phénomène croissant de mobilité dans l'usage des technologies par les artistes. Des pratiques de croisements, de juxtapositions, d'imbrications. Décloisonnements. Parfois on a l'impression que les nouveaux espaces ouverts par cette mobilité favorisent la réflexion sur le médium. Entre deux données dissemblables, ou par certains aspects contraires, il y a nécessairement une lucidité critique qui se développe, un schéma dialectique qui se dessine.

Interface cinéma/vidéo : les oeuvres de David Rimmer (*Divine Mannequin*), Tina Keane (*Faded Wallpaper)*, Cerith Wyn Evans (*The Miracle of the Rose*, *Epiphany*), Derek Jarman (*The Angelic Conversation*) inventent des plasticités enrichies du potentiel des deux media. Pour *La Quatrième Dimension*, Zbigniew Rybczinski met en place un dispositif de transferts multiples du 35 mm en vidéo pour obtenir des effets de torsion des formes, d'anamorphoses en circonvolution, de rotations qui liquéfient la matière solide du corps. David Larcher dans *EETC* se livre à un projet alchimique de célébration des noces de la chimie et de l'électronique dans la matière même d'une image-mémoire.

Croisements de l'analogique et du numérique. La numérisation comme trame et comme incidence poétique. Irit Batsry (*Animal (Loco)motion, Stories from the Old Ruin*), Kjell Bjorgeengen (*Memory Tracking*) rythment, tirent, figent, pixellisent les images, leur révèlent de nouvelles opacités, de nouvelles transparences.

Explorateurs de technologies, inventeurs de dispositifs, Steina et Woody Vasulka construisent une oeuvre surprenante sur la tangente délicate du technologique et du philosophique. Sans cérémonie, leurs créations passent de la démonstration technique à des gravités denses en tensions plastiques. Presque des collages de registres imbriqués d'intelligence et d'émotion. La technologie comme imaginaire.

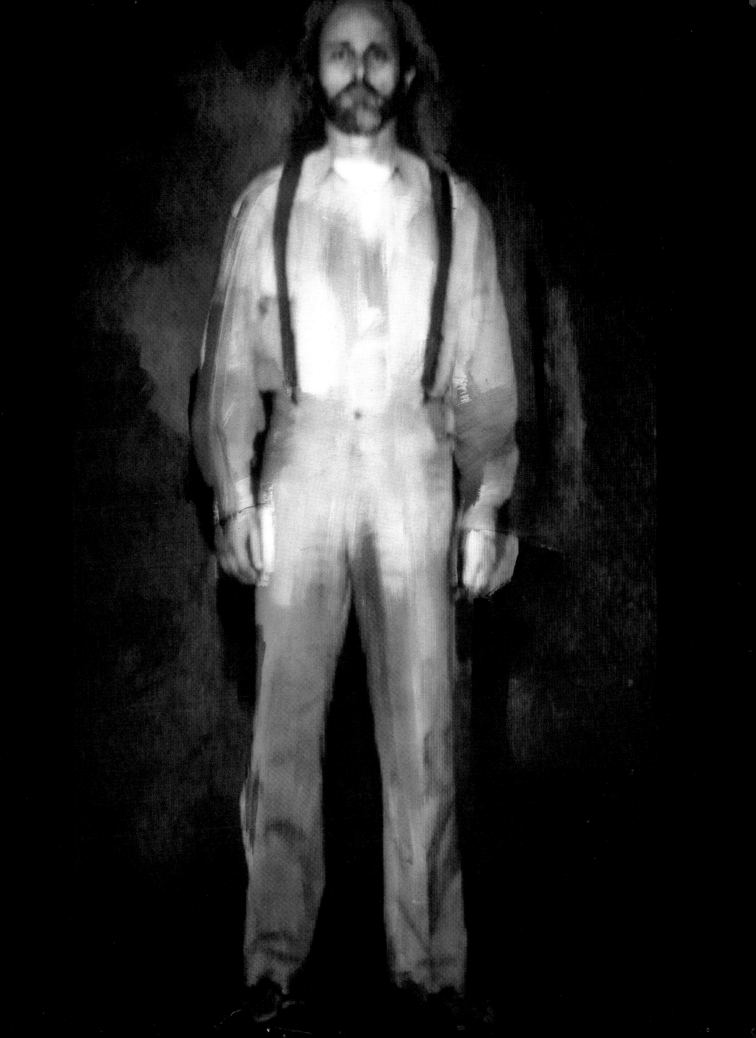

Prophétie. *Modelo* de Costas Sfikas. Plan fixe sur le temps. Une immense photographie lentement mobile. On dirait des images réalisées en synthèse 3D. L'esthétique s'y rapproche. Objets hyperréalistes voluptueusement colorés, figures humaines abstraites, machines, automates. Même peuplé, le paysage est désertique. Serait-ce parce que tout fonctionne ici sans moteur visible, par une fatalité de répétition ? Le système autogénère sa logique. Est-il doté de volition ? Son temps est indéfini ou infini. En réalité, plus que des produits de consommation et des parties de corps réifiées (l'artiste s'inspire du *Capital*), le dispositif produit du temps. C'est une machine à traiter le temps comme visible. Dans un silence velouté, pendant les quatre vingt minutes de ce plan fixe extrême, le temps glisse par dessus l'image, inonde le cadre, se retire, revient, reste immobile. Sficas nous expose à la vision d'un futur a-temporel où la machine aura acquis une totale autonomie et l'humain se promènera comme un spectre dans des couloirs déserts, mesure vivante d'un temps révolu.

Imaginaire numérique. Les artistes qui ont accès à l'ordinateur se trouvent dans la position paradoxale de devoir introduire *de l'imaginaire* dans des systèmes codés - des "systèmes en voie de positivisation totale et donc de désymbolisation". (5) Dépasser la limite rationnelle du système, sa prévisibilité, glisser sur la paroi du virtuel. L'errance y est-elle encore possible ? **Errance entre Ordre et Chaos**, c'est le titre d'une oeuvre de Vera Molnar qui explore, par une forme géométrique simple, le carré, le potentiel de transformation formelle que détient l'intelligence artificielle. John Whitney y a introduit la fluidité de la courbe - cercles, spirales, arabesques, entrelacs sinueux, musicalité du visible, visibilité du sonore, mouvements stellaires.

Il y a des oeuvres qui poussent sur le sol codé des systèmes numériques comme des fleurs sauvages sur les rochers. James Whitney nous a laissé **Lapis**, un mandala éblouissant qui s'autogénère par la dilatation perpétuelle de cercles concentriques d'énergie. Respiration de pétales de couleurs en incessantes transformations mentales.

Le projet de la simulation du réel par des images en synthèse 3D, bouleversant dans son principe, a été parasité dès sa naissance par des conceptions esthétiques puériles : les "nouvelles images" (nouvelles seulement par leur mode de réalisation) sont envahies de lieux communs de la culture massmédiatique travestis en gadgets de haute technologie.

Actualité des propos de Germaine Dulac sur le cinéma, technologie nouvelle à l'époque, dans un texte de 1927 : "On ne chercha pas à connaître si dans l'appareil des frères Lumière gisait, tel un métal inconnu et précieux, une esthétique originale ; on se contenta de le domestiquer en le rendant tributaire des esthétiques passées, dédaignant l'examen approfondi de ses propres possibilités". (6) Répétition cyclique de l'histoire : les nouvelles technologies seront gérées par l'industrie. Elle déterminera la configuration de leurs langages artificiels que l'art encore une fois sera seul en mesure de contredire.

Derrière le bruit des images inutiles, le silence du principe : on peut désormais créer des images qui ressemblent à nos perceptions, non par enregistrement du réel extérieur mais par *visualisation*. Il y a pourtant la médiation du programme, du calcul mathématique, la traduction indispensable de l'idée en langage informatique binaire, l'omniprésence du *code*, toutes des restrictions sur lesquelles vient se heurter la liberté de l'imagination. Il n'en reste pas moins que lentement on bouge vers un *univers de projection*.

Le rêve de David Wharry ne contient-il pas le point d'arrivée idéal de l'*interactivité* ? Agir sur la matière par simple projection mentale.

Mais est-ce que le projet alchimique de la transformation de la matière (c'est-à-dire de l'énergie) par la projection peut se contenir dans le fondement rationaliste du procédé informatique ? Et celui-ci ne serait-il pas un trompe-l'oeil, une gigantesque entreprise de compensation de l'effacement des forces magiques et du déracinement de "l'homme cybernétique" ?

Devant nous, une sphère en circonvolution, vague souvenir de la terre ou joyau d'un autre monde. Elle est facettée comme une pierre précieuse, colorée de formes fluides - traces d'océans disparus ? Elle s'ouvre, presque comme une rose, les parois tombent successivement pour laisser apparaître de perpétuelles surfaces intérieures qui ont la capacité de se transposer en d'autres formes, d'autres couleurs. C'est la *Conquête de la Forme* rêvée en synthèse 3D par William Latham.

Le Corps. Veine volcanique qui parcourt l'art contemporain, le corps de l'artiste comme langage ("support" suivant le terme de l'art corporel). L'artiste s'expose comme sujet, comme identité, comme imaginaire, comme risque, et brise l'indifférence du regard.

En 1965, en pionnière, Carolee Schneemann réalise **Fuses** qui va marquer l'histoire de l'auto-représentation en film (amorcée deux décennies plus tôt par Maya Deren). Schneemann filme sa propre sexualité. Sa nudité, sa jouissance. Audace supplémentaire : c'est une femme. Le miroir du film et de la vidéo ouvre aux artistes un champ immense de doubles. L'image du corps capturée comme présent aussitôt passé, comme intimité avouée, la conscience forte de percevoir ses propres mises à nu. Des dynamiques multiples se déclenchent entre le corps et ses empreintes électroniques ou chimiques.

Joan Jonas. Parmi les premiers artistes à intégrer la vidéo dans leurs performances, elle élabore au fil des années son théâtre de masques et de reflets électroniques. Dialogues fugaces et troubles avec la caméra vidéo, silences. Fascinée aussi par les civilisations non occidentales, elle évolue délicatement dans l'univers technologique y imprimant une aura poétique (**Brooklyn Bridge**, **Volcano Saga**, **Glass Puzzle**). ◀ 3

France 1976, début du mouvement "du corps" dans l'art cinéma (il gardera sa vitalité pendant presque dix ans). Stéphane Marti, nous-mêmes, Michel Nedjar. L'usage du Super 8 est catalyseur : il permet des liens intimes entre la création et la vie. L'imaginaire réalisé devient une pratique quotidienne. L'identité, la sexualité, l'errance, thèmes privilégiés. L'outil tellement présent et mobile conduit à un état de disponibilité créatrice, une ouverture à soi-même, l'autre, le monde : un état amoureux. Au début des années 80, un mouvement analogue éclora en Angleterre : les néo-romantiques. En Allemagne de l'Ouest, Birgit et Wilhelm Hein après un long parcours dans la recherche formelle se retournent vers une violente investigation de la sexualité comme transgression. Claudia Schillinger, Kerstin Lübbert, Maija-Lene Rettig touchent des points sensibles : androgynie, travestisme, sadomasochisme. Michael Brynntrup crée une série Super 8 de **Danses Macabres** baroques.

Dans l'univers de la haute technologie, Nil Yalter sera parmi les premiers artistes à introduire un discours sur le corps (de la femme chez Sade). **Rien n'est à moi, rien n'est de moi**, mélange d'images analogiques et infographiques, la trace de l'ordinateur comme marquage de la peau.

1990. Vitalité de la question du sujet, du corps, de l'inconscient, de l'imaginaire, à un moment où les technologies nous éloignent des perceptions directes que nous pouvons avoir du monde et de nous-mêmes. Si l'intelligence artificielle est une "pensée sans corps", le corps risque l'exil dans un monde à haute médiation technologique. Mais le corps est aussi ce qui résiste. L'écran technologique se trouve parfois brisé par des visions intimes - d'amour et de sexualité.

"Que reste-t-il d'autre comme "politique" que la résistance à cet inhumain ? " (7)

Miroir prochain : le labyrinthe de Sophia. Catherine Ikam : *Valis Song*. Fuite en avant dans le labyrinthe. L'espace, le temps sont ici construits par le visage de la *Sagesse* et par sa voix. Galerie de glaces, forêt de doubles. Le visage forme les parois et ouvre la perspective de sa propre mise en abîme. Chaque détour révèle un nouveau chemin gardé par le visage. Chaque chemin guide à d'autres croisements, à d'autres miroirs. La voix enveloppe la traversée et glisse elle-même dans les chemins bifurqués des multiples du visage. La présence féminine mène vers la source du monde. Le centre est absent, absorbé par le reflet. Le secret du labyrinthe reste intact.

Les ruines circulaires

"Il sentit le froid de la peur et chercha dans la muraille dilapidée une niche sépulcrale.

Il se couvrit de feuilles inconnues.

Le dessein qui le guidait n'était pas impossible, bien que surnaturel.

Il voulait rêver un être humain.

Il voulait le rêver avec une intégrité minutieuse et l'imposer à la réalité.

Le temple inhabité et en ruine lui convenait, parce que c'était un minimum de monde visible.

Il comprit que l'entreprise de modeler la matière incohérente et vertigineuse dont se composent les rêves est la plus ardue à laquelle puisse s'attaquer un homme.

Il attendit que le disque de la lune fût parfait. Il se purifia dans les eaux du fleuve et s'endormit.

Presque immédiatement il rêva d'un coeur qui battait."

(Jorge Luis Borges). (8)

MONTAGE / DEMONTAGE

**"Vive la
géométrie
dynamique,
les
courses de
points,
de lignes,
de surfaces,
de
volumes".**
DzigaVertov

Envisagés sur le seul plan de l'art, cinéma- vidéo - ordinateur appellent une opération de démontage très exactement inverse de ce processus de montage ou d'enchaînement qui a primitivement enfilé les images comme des perles et fait se succéder tel photogramme ou telle image à tel autre suivant un rythme précis, déterminé ou, tout au contraire, strictement aléatoire. Montage et dé-montage sont ici à entendre doublement.

Au sens de Vertov et d'Eisenstein tout d'abord, le montage étant - d'abord et paradoxalement - destruction et décomposition, réduction de la matière du monde et de la matière filmique à ces bouts de peaux du réel qu'il convient ensuite et patiemment d'agencer, de reconstituer et recomposer en laissant l'image glisser sur elle-même, s'interpénétrer et fusionner. *"Calcul chiffré des groupements de montage. Association (addition, soustraction, multiplication, division et mise entre parenthèses) des bouts filmés de même nature. Permutation incessante de ces bouts-images jusqu'à ce que tous ceux-ci soient placés dans un ordre rythmique où tous les enchaînements de sens coïncideront avec les enchaînements visuels"* (1).

Montage et dé-montage au sens enfin de ce travail d'analyse qui fait suite chez Freud au travail de rêve, travail d'analyse qui démonte et détricote tout ce que le rêve a originellement si bien tressé et tissé. Car le rêve est aussi affaire de tessiture, de trame, de dénouage et d'interprétation. Fil d'Ariane à démêler patiemment dans l'écheveau de ses circonvolutions successives. Montage et dé-montage, déconstruction et parcellisation sont ici affaire de chimie, d'optique, d'électronique. Il s'agit de réduire l'image à un simple système de grains, d'ondes ou d'électrons, de descendre là où naissent et s'articulent les formes, dans l'infiniment petit de l'image, en ce lieu où - strictement - plus aucune figure ne tient. C'est assez dire que l'objet (filmique/électronique/informatique) sera ici considéré comme pur et simple matériau. Lumineux, coloré, ne faisant plus *figure*, ne s'adressant plus à la représentation que sur le seul mode du grain ou de la tessiture : pixels, paillettes, neige de l'écran-vidéo, grain de l'émulsion, trames et textures refabriquées de la synthèse.

Lumières. *"Devant la télévision, le spectateur est écran. Il est bombardé d'impulsions lumineuses que James Joyce appelait "la charge de la Brigade légère" et qui lui "imprègnent la peau de l'âme de soupçons aïeconscients".* (Marshall Mc Luhan)

En 1922, Moholy-Nagy invente son fameux *Modulateur* de lumière et d'espace, machinerie tournante qui projette sur les murs environnants toutes sortes d'ombres mouvantes. Cet appareil se retrouve dans le film qu'il compose en 1930. Cette vaste symphonie lumineuse joue non seulement sur les divers mouvements de sculpture de l'ombre par la lumière, mais utilise aussi les surimpressions (ombre sur ombre, lumière sur lumière), le retournement des figures, les inversions (positif/négatif, noir/blanc, la gamme entière des gris).

Utilisant les restes - bribes, "poussières" et "particules" - d'un film lui-même minimal (*Free Radicals*, 1979), Len Lye réalise la même année *Particles in Space*, film cosmique qui évoque pour nous les paysages interstellaires, perforations et trouages étoilés des tableaux d'un Fontana. En partant d'un processus, parfaitement contrôlé, de grattage de l'émulsion, il obtient des points, lettres et fragments linéaires qui se tournent et retournent, pivotent et basculent en tous sens au sein d'un espace qui tend à se dilater indéfiniment. L'essence du film est ici la lumière et l'on retrouve - transposé sur l'écran - cet incessant combat de l'ombre et de la lumière que décrivait Paul Klee : "Le mouvement entier du blanc au noir donne une idée de la distance gigantesque entre les deux pôles, - trajet couvrant toutes les étapes du visible jusqu'aux ultimes confins du visible..." (2)

Dans *Orlando-Hermaphrodite II*, Maria Klonaris et Katerina Thomadaki utilisent les mêmes systèmes d'inversions et de surimpressions (noir/blanc, positif/négatif) que chez Moholy-Nagy. Mais le tout est présenté au sein d'un dispositif qui mêle le film, la photo fixe et l'écriture typographique. Les traînées, anamorphoses et distorsions de paysages de nuit amènent à un traitement tout graphique de la lumière. D'autant que le doublement et redoublement des ombres, des trames et des supports engendre des "images à plusieurs générations". Images composées de couches et de sous-couches et de ce que l'on pourrait nommer une luminosité "enrichie".

Les "pianos à lumière" de Nam June Paik... les jeux sur la trame et la luminosité de Thierry Kuntzel (*Nostos*, *Still*, etc...)... les pulsations bleutées du *Carolyn III* de Martine Rousset... s'inscrivent globalement au sein d'un processus tout architectural de structuration de la lumière. De grandes différences marquent, toutefois les trois dispositifs du film, de la vidéo et de la synthèse. Dans les deux premiers cas, il est question de l'enregistrement et du traitement d'une lumière "réelle", lumière imparfaite, non strictement contrôlée, non totalement apprivoisée et dont les imperfections, les hasards font tout le prix. Ou le *poids* de ce que Louise Nevelson nommait le "velours de l'ombre". L'univers de la synthèse est, a contrario, un univers savamment calculé, aux lumières rigoureusement et mathématiquement ordonnées. Ombres, lumières et reflets restent tout théoriques. Fictifs. Peu vraisemblables. A tel point qu'un jour artificiel et éternel semble y régner en permanence.

Sur le plan maintenant de la projection, et de l'ensemble des dispositifs qui s'y réfèrent, il convient là aussi de noter des divergences profondes. La lumière projetée sur l'écran de cinéma reste une lumière *réfléchie*. Source lumineuse secondaire qui ne peut en aucun cas prétendre à cette luminosité condensée qui sourd de l'écran-vidéo. Nouveau luminaire des temps modernes, l'appareil de télévision fonctionne, lui, comme source d'éclairement. Il constitue en ce sens un véritable module lumineux. L'image y est désormais une image-lumière, éclairée de l'intérieur et dans sa tessiture même.

Matières. *De nos jours on s'efforce de se passer de la matière colorante (le pigment) ou du moins de la sublimer le plus possible.* (Moholy-Nagy)

Lorsqu'il est question de "matière", l'art contemporain oscille en permanence entre deux solutions extrêmes. Il s'agit soit de revendiquer la matière dans toute l'épaisseur et la profondeur de ses consonances (textures, pigments, couches, émulsions), soit de sublimer et d'alléger celle-ci jusqu'à la vider proprement de sa substance. Film, vidéo et art par ordinateur n'échappent pas à cette alternative et oscillent en permanence entre ces deux pôles : matérialisation, dématérialisation. Strictement calculée, conçue avant d'être vue, souvent considérée comme indépendante de sa réalisation (image *en trop ou en excès*), l'image numérique pourrait représenter le point d'apogée de ce processus de dématérialisation qui commence avec une certaine forme de cinéma pur ou abstrait (Hans Richter, Moholy-Nagy, etc.) pour se poursuivre, à partir des années 50-60, au travers de la danse des électrons de l'écran-vidéo. Mais l'attention même portée par la synthèse au "rendu des matières" (métal, huile, étoffe, etc.) montre que l'on est loin d'en avoir fini avec le "réalisme". Bien au contraire.

Quant aux diverses interventions effectuées sur la pellicule filmique (grattage de la gélatine; élevage de bactéries par le groupe Schmelzdahin; ailes de papillons collées sur la pellicule par Stan Brakhage, etc.), elles montrent bien que le film est ici considéré comme une matière vivante. C'est au niveau maintenant de l'installation ou du dispositif

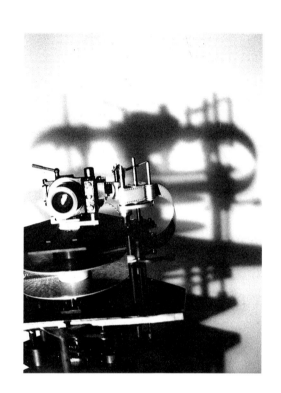

que la vidéo utilise la matière "réelle" : eau (***T.V. Aquarium*** de Nam June Paik, ***Mare di Marmo, Water Wind*** de Fabrizzio Plessi), plumes (***Le Plein de Plumes*** de Michel Jaffrenou, les plumes réelles faisant écho aux plumes de l'image). Certains artistes, toutefois, pourront jouer sur la dégradation ou le vieillissement des bandes (poussières, parasites, etc.) ou considérer l'image elle-même comme une matière - lumineuse, électronique - à déformer et reformer incessamment :"*tu peux tordre une image de télévision comme si c'était de la matière*", disait Woody Vasulka (3). L'interposition croissante des appareillages et machines dans le processus créatif ne supprime donc pas chez l'artiste le sentiment qu'il a de travailler sur une matière. Tout au plus cette matière s'affine-t-elle et s'enrichit-elle de propriétés de plus en plus complexes. Entendue aujourd'hui comme substance vivante mais aussi comme énergie, la matière même de l'image retrouve des caractéristiques toutes cosmiques.

Couleurs. "*Le petit tas colorant qui se désamorce en infimes particules, ces passages et non l'arrêt final, le tableau, voilà ce que j'aime. En somme, c'est le cinéma que j'apprécie le plus dans la peinture.*" (Henri Michaux)   ◀ 4

La peinture impressionniste et le divisionnisme de Seurat (*La Grande Jatte*) ont accoutumé l'oeil du spectateur à concevoir l'écran comme une mosaïque de points diversement colorés, la synthèse additive des couleurs s'effectuant directement dans l'oeil du spectateur et non point sur la palette comme précédemment (synthèse soustractive des couleurs). Nombreux sont les cinéastes qui ont ainsi travaillé sur la parcellisation et l'émiettement, la dilution de particules colorées. Dans ***Amalgam*** (1975-76), Nekes joue de la trame colorée, d'une manière toute divisionniste ou pointilliste, diluant et contrariant la perception de la figure et du mouvement. On est proche ici de ces rythmes colorés et fractionnés d'une manière toute kaléidoscopique de la peinture futuriste (Boccioni, Carra, etc.).

Parmi les tout premiers films directement peints (et non coloriés) sur pellicule, citons les films des deux cinéastes futuristes italiens, Arnaldo Ginna et Bruno Corra, ***L'Arc-en-Ciel*** et ***La Danse*** (1912). Leurs diverses expériences de fusion des couleurs leur permirent de prendre conscience des difficultés relatives au contrôle du processus : "Il eût fallu, disent-ils, posséder - ce que l'on ne peut acquérir que par une longue expérience - la faculté de voir projeté mentalement sur la toile le déroulement du motif que le pinceau étend progressivement sur le celluloïd, faculté qui comporte l'aptitude à fondre mentalement plusieurs couleurs en une seule et à désintégrer une teinte en ses composantes"(4). Le cinématographe est alors utilisé à la façon d'un "piano chromatique". Les photos refilmées et peintes de Jean-Michel Bouhours (*Sécan-Ciel*), jouent sur les couleurs à la façon d'un peintre mélangeant, isolant ou diluant les teintes sur sa palette.

La façon, par contre, dont le cinéma peut à l'heure actuelle traiter de la couleur (en utilisant divers appareils ou procédés comme le refilmage, la tireuse optique, les filtres, les surimpressions) rappelle souvent le processus de colorisation de l'image-vidéo, image initialement en noir et blanc (ou en couleur) et au sein de laquelle on injecte une certaine quantité d'une couleur déterminée. Loin d'être "réelle", cette couleur est alors parfaitement artificielle, fictive (Cf. le *Global Groove* de Nam June Paik, les oeuvres déjà citées de Thierry Kuntzel, etc...). Cette colorisation s'effectue par plages, creusant au coeur de l'image de larges à-plats colorés qui ne sont pas sans rappeler certaines sérigraphies de Warhol (5). *Berlin Horse* de Malcom Le Grice (1970) joue sur de semblables effets. L'utilisation, successive ou simultanée, du négatif et du positif, du noir et blanc et de la couleur, le refilmage sur tireuse optique, les surimpressions, tout cela concourt à la création d'une oeuvre hybride, et fortement colorée. L'image est littéralement mangée, dévorée par la couleur, avec toujours le respect d'une dominante. BLEU, JAUNE ou ROUGE. Ce qui suppose, à chaque fois, l'élision de toutes les autres couleurs présentes dans la réalité.

Quant à l'image numérique, qui dispose théoriquement d'une palette électronique infinie, elle n'a jusqu'ici donné lieu qu'à une forme de chromatisme intense, et bien peu raffiné. Une partie du problème venant sans doute de cette incroyable quantité de couleurs qui sont à la disposition de l'artiste. On rappellera, en effet, qu'en peinture les plus grands coloristes sont souvent ceux qui (comme Cézanne) ont justement su réduire et affiner leur palette, n'utilisant que quelques teintes judicieusement choisies et soupesées. Il resterait donc aux artistes sur ordinateur et sur palette graphique à réinventer une certaine forme de pénurie ou de pauvreté (6).

Textures. *"Ce qui m'intéresse dans cette image, c'est qu'on part d'une anarchie totale, celle de l'image électronique, qui provient d'un son, c'est-à-dire d'un amas de fréquences, mais une fois mise en forme, rebalayée et passée par cette trame, l'image s'organise totalement. Elle comporte des textures tout à fait reconnaissables."* (Steina Vasulka)

La division et parcellisation de l'écran - écran-vidéo, écran d'ordinateur, multi-écrans des dispositifs cinématographiques - en éléments de plus en plus discrets et repérables favorise aujourd'hui un véritable quadrillage de l'image. Quadrillage qui n'est pas sans rappeler le vieux quadrillage perspectiviste opéré à l'époque de la Renaissance (7). L'utilisation de diverses grilles ou trames (Moholy-Nagy) avait déjà permis au cinéma de jouer sur une semblable division et partition de l'espace, mais de façon assurément plus souple et plus aléatoire. L'incessante danse des figures et des formes que l'on trouve dans les oeuvres de Len Lye *(Colour Box*, 1935 - *Trade Tattoo*, 1937), l'ensemble des trames et jeux d'inversion que l'on retrouve dans *Orlando-Hermaphrodite II* de Maria Klonaris et Katerina Thomadaki, etc. jouent de systèmes similaires.

Montage et démontage : on part de l'infiniment petit - neige, points, trames ou pixels, grain de l'émulsion et particules infimes - pour voir progressivement (*Still* de Thierry Kuntzel, le travail des Vasulka, etc.), des linéaments de formes apparaître et se dessiner. D'abord toute embryonnaire, réduite à ses seuls éléments, l'image acquiert peu à peu forme et contour, se dessine au sens strict du terme. Textures et trames font d'ailleurs le fond de l'image telle qu'elle peut être traitée ou construite par l'ordinateur. Image strictement calculée. Digitalisée. Point par point. Fragment par fragment. Un monde - ou un cosmos - peut ainsi se former et déformer en permanence sur la surface de l'écran.

L'actuelle hybridation des divers medium - cinéma, vidéo, ordinateur - n'a donc pas pour but de parvenir à une sorte d'image-moyenne. Image universelle au sein de laquelle toutes formes de différences se trouveraient diluées. Il s'agit, tout au contraire, d'exacerber et d'enrichir l'irréductible différence du cinéma, de l'art vidéo et des images générées par ordinateur. En les frottant et confrontant les unes aux autres, leur faisant ainsi rendre l'âme et toutes sortes de particules - cette âme dont on disait autrefois qu'elle habitait chaque violon et que l'on souhaite aujourd'hui retrouver en chaque parcelle de l'image. Points, lignes, surfaces, volumes - faisant joliment boucle.

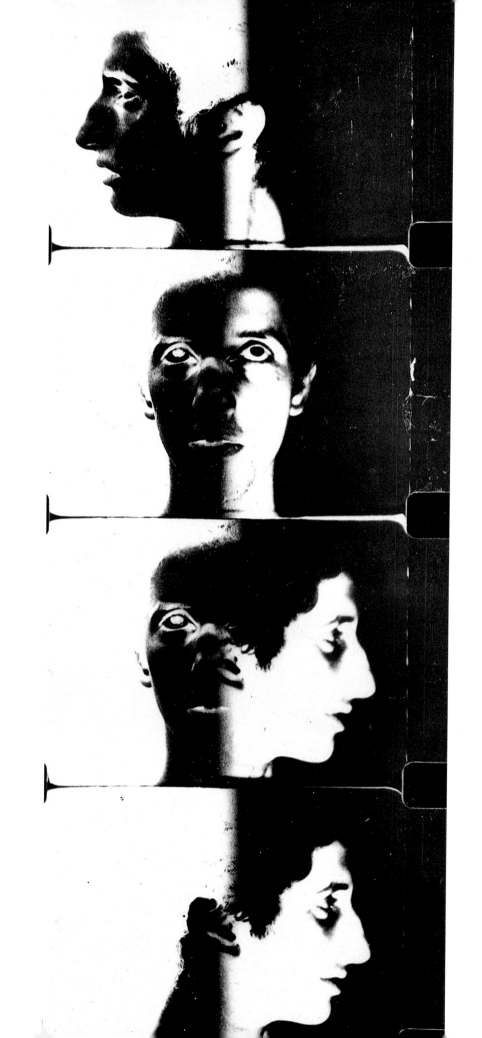

DE L'ART CINEMA A L'ART VIDEO : REMARQUES SUR QUELQUES PRESUPPOSES

"Il faut cracher chaque jour sur l'autel de l'art", disait Marinetti en 1912 dans son manifeste technique de la littérature futuriste. Prescription choquante du fait qu'elle est émise non par un quelconque ennemi des arts mais par quelqu'un exerçant une activité reconnue de poète ou d'artiste. Ce désir de malmener, ridiculiser, destituer, critiquer la notion d'art, s'est perpétué selon des modalités variées tout au long du XX ème siècle par les artistes, qu'ils soient peintres, musiciens, ou poètes. Ces artistes, qui souvent se réclament de l'avant-garde, sont aussi parmi ceux qui ont le plus contribué au renouvellement de leur art et de la pensée de leur art. Liés aux mouvements futuriste, dada, constructiviste, fluxus, conceptuel..., ils n'ont eu de cesse de s'attaquer aux règles admises, aux conventions, pour développer leurs propres pratiques. L'affirmation novatrice passe toujours par l'interrogation des présupposés. Ici, le présupposé c'est l'Art. Mais, " peut-on faire des oeuvres qui ne soient pas d'art ? " demande Duchamp.

Le mouvement inverse semble se dessiner avec l'apparition de nouvelles techniques (la photo, puis le cinéma et enfin la vidéo) qui "à l'origine", contrairement à la peinture, la musique, la poésie..., n'ont pas une vocation d'art. Le statut d'art leur a été accordé à l'arraché suite aux combats qui ont été menés pour l'obtenir. Le cinéma est donc devenu le septième art (selon l'appellation de Canudo), et l'expression "art vidéo" est diffusée depuis plusieurs années. Les effets positifs de cette reconnaissance du droit-à-être-un-art ne doivent pourtant pas masquer leur ambiguïté. Car s'il est vrai, comme l'ont montré les artistes de ce siècle, qu'une oeuvre importante ne peut naître que sur un fond d'abîme, ou de destruction, d'instabilité, de doute, de critique, il reste alors à prouver pour ces arts nouvellement agréés qu'ils sont également capables de produire de telles oeuvres mettant en question le label qui les autorise.

◀ 5

Quand l'art rate... A la question : "Ainsi, vous ne vous considérez pas comme un artiste?", Woody Vasulka répond : " En ce qui me concerne, ce n'est pas mon ambition. Dans le processus d'expérimentation il y a deux résultats possibles : la réussite ou l'échec. Mais, s' il s'agit d'art, ça doit réussir. L'art raté n'existe pas. Je ne veux pas vivre dans la nécessité du succès, et l'art c'est cela." (1) Nul doute que c'est en se préoccupant le moins d'art qu'on a le plus de chance de s'en approcher. Vasulka met crûment en évidence cette antinomie à laquelle semble conduire l'expression "art expérimental". Question recouverte et déniée par tous ceux qui ont cherché à esthétiser les techniques nouvelles pour leur donner un paraître artistique, et produire des oeuvres léchées, "réussies", lisses, sans accrocs, lapsus ou hésitations qui sont pourtant les ressorts tant de la pensée que de l'émotion.

Le cinéma tel qu'il s'est développé massivement comme spectacle, n'a retenu des expériences de Plateau, Stampfer, Marey, Muybridge, Reynaud que la possibilité qu'elles offraient de fournir le mouvement apparent, celui-ci n'étant utilisé que transitivement, de façon instrumentale au bénéfice d'un destin narratif. Ce sont essentiellement les cinéastes qualifiés d'avant-garde ou expérimentaux qui ont poursuivi leurs recherches en réfléchissant la question du mouvement en tant que tel, selon une visée qui est pour partie de connaissance et de vérité, refusant de la limiter à n'être qu'un moyen, un procédé technique. En étudiant par exemple le phénomène de la stroboscopie et les effets perceptifs engendrés par le passage d'un photogramme à l'autre, des artistes-cinéastes comme Man Ray, Léger, Nekes, Kubelka, Sharits, Iimura (parmi d'autres) montrent que le cinéma n'est pas seulement la synthèse du mouvement mais aussi son analyse.

Tics et trucs. Même si certains films peuvent le laisser croire, l'enjeu de l'art cinéma ne peut se limiter à la présentation d'un catalogue de procédés techniques et de trucages divers. Soutenir le contraire serait refuser de voir et comprendre qu'un nouveau traitement des formes, des couleurs, des espaces, des textures, des supports, des agencements, etc., pour ludiques et gratuits qu'ils peuvent paraître, ne sont pas sans conséquences émotives, perceptives ou cognitives. Ce serait aussi ne pas voir que le cinéma expérimental, ou l'art cinéma comme on voudra, en explorant l'ensemble du spectre de ses possibilités techniques développe non seulement une critique implicite ou explicite d'un usage à la fois dominant du point de vue de la production et de la diffusion, et limité du point de vue de ses capacités, mais aussi une critique réflexive visant son propre objet ou projet : non seulement donner à voir, mais faire voir le voir et ses conditions. Le trucage cinéma efface ses conditions de réalisation au bénéfice de la diégèse, et l'effet spécial vidéo gadgétise une figure rhétorique : dans les deux cas c'est la puissance transformatrice de la forme qui est dévitalisée.

Toujours plus. Il y a une bêtise positiviste persistante, alliée à une logique de la communication et à l'esthétique tantôt du réalisme, tantôt de la simulation, qui consiste à croire qu'à tout progrès technologique d'un médium artistique correspond un progrès esthétique. Il y aurait ainsi un progrès de la peinture à la photo, de la photo au cinéma, du cinéma "muet" au cinéma parlant, du cinéma noir et blanc au cinéma "en couleurs", du super 8 au 35 mm, et aujourd'hui du cinéma à la vidéo. Les débats auxquels ont donné lieu à la fin des années 20 l'apparition du cinéma parlant témoignent pourtant de la lucidité de certains artistes à l'égard de ces progrès. Que la parole se soit finalement imposée majoritairement (mais pas dans le champ du cinéma expérimental) ne règle pas la question, et l'usage qui en est fait ainsi que ses conséquences sur le traitement visuel justifieraient plutôt a posteriori les craintes de ces cinéastes. Mais, "on n'arrête pas le progrès" dira-t-on, et "l'âge d'or" du muet est non seulement passé mais dépassé. N'est-ce pas pourtant l'un des rôles des artistes (ou par ailleurs des philosophes) d'aller non pas contre le progrès mais de l'interroger, et de faire acte d'insoumission chaque fois qu'une raison économique et instrumentale veut imposer sa loi aussi bien dans la sphère artistique que dans la sphère scientifique ? Et si le combat est difficile, au moins faut-il sauver l'honneur en maintenant la question ouverte, en vie.

Alors que tous les efforts des cinéastes d'avant-garde s'étaient concentrés contre les modèles de la littérature et du théâtre, trouvant dans le fait que le cinéma soit silencieux une certaine assurance à leur combat, l'arrivée du parlant sonne le retour en force de ces modèles, et apparaît donc à beaucoup non comme un progrès mais comme une régression. La régulation des recherches formelles par le développement du sens opéré par la parole semble si brutale que certains sont persuadés qu'il ne s'agit que d'une mode passagère : "Le cinéma parlant ne tiendra pas (...) Le public s'en lassera (...) Quant au cinéma sonore, je l'approuve entièrement." (2) "Ce n'est pas l'invention du film parlant qui nous effraie, c'est la déplorable utilisation que ne manqueront pas d'en faire nos industriels." (3) Ces cinéastes ne combattent donc pas une nouveauté technique en tant que telle (faisant partie de "l'avant-garde", ils sont au contraire très friands de ce qui leur apparaît comme signe de modernité) mais les effets, à leurs yeux néfastes, qui ne manqueront pas d'être produits par la limitation de ses développements : l'imposition du discours narratif, la standardisation industrielle des techniques. L'amertume, l'abandon ou la révolte des cinéastes d'avant-garde au seuil du parlant sont provoqués par le spectacle du glissement qui fera que le cinéma deviendra de moins en moins art (et s'il tente de le demeurer, il est condamné à la marginalisation brutale, ce qui n'était pas le cas dans les années 20) et de plus en plus une industrie. Le cinéma expérimental sonore et parlant proposera des réponses variées à cette question, soit en désenchaînant le son de l'image, soit en présentant des enchaînements qui débordent ou perturbent la fonction narrative assignée à la parole. Dès 1928, Moholy-Nagy projette de réaliser des expériences sur le son synthétique (ou dessiné sur la piste optique), et développe une théorie spécifique du son : "Il faudrait tout d'abord faire passer le film sonore par une phase purement expérimentale, confinée uniquement aux éléments son. Autrement dit, le son devrait tout d'abord être complètement isolé de l'image et devenir momentanément l'objet d'une étude spéciale basée sur des expériences décisives en tant que son et rien que son." (4)

6 ▶

Au delà de cette limite... "La peinture est faite de limites"; le cinéma aussi. Les artistes qui vivent dangereusement en font l'expérience et les expérimentent (par redoublement ou forçage selon une démarche ironique ou subversive). Par rapport à ces arts, la vidéo apparaît comme un médium extrêmement souple, flexible, aux possibilités

de génération d'images infinies, et dont les partisans la présentent souvent comme réunissant tous les avantages du cinéma, plus les siens propres.

Tout ce que le cinéma peut faire, la vidéo le peut aussi, disent-ils. Et plus facilement, plus rapidement, plus économiquement. Quand bien même cela serait-il vrai, que ce ne serait pas pour autant un avantage à porter au crédit artistique de la vidéo. Car cette idée repose sur l'illusion que qui peut le plus peut le moins. Mais les artistes nous ont appris depuis longtemps, et avec force au XX ème siècle, que le problème ne consiste pas tant à produire des objets et des images (fussent-elles "nouvelles") qu'à interroger leurs limites. Si ces limites auxquelles l'artiste est appelé à se confronter sont "immatérielles" ou absentes, il est à craindre qu'il n'y ait que peu ou pas de jeu possible pour lui. (5) Fernand Léger avait soulevé très tôt le problème : "savoir faire jouer les contraintes, au milieu de l'abondance, ce n'est pas donné à tout le monde. C'est difficile d'être riche. Le cinéma risque d'en crever." (6)
Qui peut le plus n'en peut plus...

Viol et programme. "Sous quelque forme qu'il soit finalement présenté, dessin, peinture, photographie, l'objet doit amuser, égarer, ennuyer ou inspirer la réflexion mais jamais éveiller l'admiration pour la perfection technique que l'on exige habituellement d'une oeuvre d'art. Les excellents artisans courent les rues mais les rêveurs pratiques sont rares." (7) Il est remarquable que Man Ray qui est à l'origine de nombreux usages techniques nouveaux (peintures au pistolet ou rayogrammes, par exemple) ait toujours adopté une attitude ironique face à la sophistication des appareils (photographiques notamment) proposés par l'industrie. C'est que pour lui l'art consiste en un "viol des matériaux". (8) La question n'est donc pas, comme pour les techniciens ou les artisans, de jouer avec la plus grande compétence possible selon les règles, mais de jouer sur les règles. L'histoire de l'art cinéma fourmille d'exemples d'oeuvres fortes réalisées avec des moyens faibles. Il ne s'agit pas pour autant de défendre une esthétique misérabiliste ou amateuriste, mais de noter la difficulté qu'il peut y avoir à perpétuer cette conception de l'art avec des technologies hautement sophistiquées comme l'ordinateur. Peut-on faire violence à la vidéo? Il faudrait d'abord qu'elle ait un corps, l'épaisseur d'un matériau et que l'événement y soit possible. Or parmi ceux qui l'analysent ou la pratiquent, nombreux sont ceux qui insistent sur le fait qu'elle est toute de surface (9) et qu'avec les images générées par ordinateur, "l'événement n'y a plus cours" (10), prévu qu'il est dans l'éventuel, le virtuel du programme.

Se pose ici un problème : la peinture contemporaine comme l'art cinéma (en caricaturant : de Cézanne à Stella en passant par Mondrian, et de *Rythme 21* de Hans Paul Richter à *N:O:T:H:I:N:G* de Sharits) ne se sont-ils pas attachés à assumer leurs qualités de surface, à montrer la planéité de la toile et de la pellicule ? La vidéo pourrait ainsi apparaître comme l'accomplissement esthétique possible du cinéma. Ce point de vue n'est possible que si l'on considère les oeuvres comme des objets ou des images déconnectés de tout projet, trajectoire et pensée. Car la surface en peinture et au cinéma se dessine sur le fond culturel qui constitue l'histoire de ces pratiques. La mémoire de cette histoire est un corps que les artistes pourront exténuer, mettre en pièces, démesurer, pour excentrer le sujet humaniste, l'affoler. La surface est visée, elle n'est pas déjà là.

Abstraction et clip. On pourrait développer le même argument pour ce qui concerne l'abstraction. Avec la vidéo, note Bonitzer, "l'image est d'emblée susceptible de se décomposer à l'infini, elle embraye presque naturellement sur un terrain non figuratif". (11) Rêve enfin réalisé des peintres abstraits? Ce qui fait pourtant l'intérêt de la peinture abstraite (Mondrian, Malevitch, Ryman...) ou des films abstraits (Eggeling, Richter, Ruttmann...) c'est qu'il ne s'agit justement pas d'un processus "naturel" mais d'une élaboration réflexive dont les oeuvres conservent les stigmates.

Aujourd'hui, le clip lui aussi aurait fait perdre au "cinéma expérimental" sa raison

d'être puisqu'il en développerait certaines propriétés esthétiques tout en lui faisant enfin perdre son caractère confidentiel. Si le clip, par son rythme dynamique et son inventivité formelle a eu des effets décapants en insufflant quelques bulles anonymes (à la manière des graffiti urbains) d'air frais dans le monde vieillot des lourdes mises en scène télévisuelles, il n'en est pas moins cadré par une esthétique qui contraint l'image à accompagner un morceau musical. La durée y est calibrée, et le clip vaut finalement ce que peut valoir une chanson : il passe et on l'oublie. Les grandes oeuvres de l'art cinéma de Brakhage à Snow, de Frampton à Nekes, de Sharits à Warhol ne sont pas des petites pilules aussi digestes... (12)

Image (sage comme une). Positionner la peinture, le cinéma ou la vidéo dans le seul registre de l'image, c'est risquer de les confondre dans le même moule, de les désubstantialiser, de leur faire perdre leurs puissances respectives. L'un des aspects de la modernité a consisté pour les artistes à exposer les moyens de leur art (support, outils, matériels, dispositifs), ce qui permet de développer une intelligence de l'écart, de l'intervalle, des bords, nécessaire si l'on ne veut pas tomber dans l'équivalence générale de la marchandise et du spectacle. (13)

◄ 7

Il faut donc à la fois avancer dans l'expérimentation et la réfléchir : ce qui peut demander du temps, et celui-ci apparaît toujours de trop pour celle-là comme pour le système économique qui l'utilise. (14) La réfléchir moins pour la réguler que pour la relancer plus loin ou plus intensément et à tout le moins pour avoir la possibilité de l'éprouver. Le nouveau mot de désordre pourrait être celui qu'on entend depuis longtemps sur les plateaux :"silence, on tourne!". Notre condition étant celle de l'écrasement des différences et du massacre des événements par leur médiatisation, stockage, recyclage et simulation, l'expérimentation semble condamnée à donner raison à sa caricature : en avant comme avant. Le nouveau n'est pas de son temps, mais il a besoin de temps pour résonner.

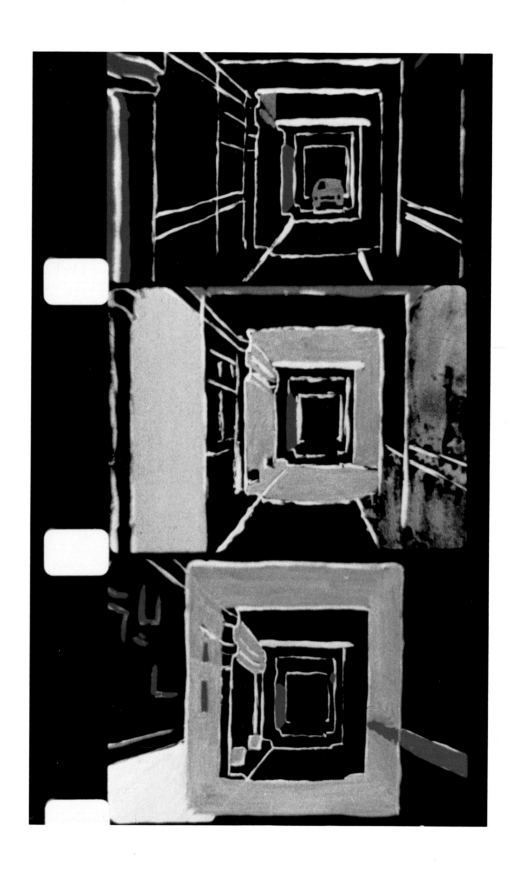

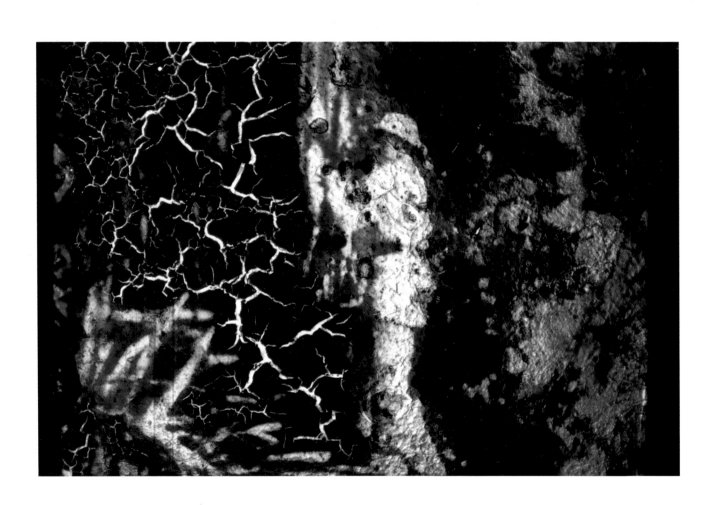

TRAITEMENTS D'IMAGES : LA TIREUSE ET L'INTERFACE CINEMA/VIDEO *

Nous aborderons dans ce texte la question de l'impact et des conséquences esthétiques de l'emploi de deux techniques, l'une ancienne, la tireuse, et l'autre récente, la vidéo. Il s'agit de procédés essentiellement différents, que les cinéastes ont annexés à leur métier et à leur art. La vidéo est un médium spécifique, avec sa propre histoire technologique et esthétique, aussi récente soit-elle ; en revanche, la tireuse a toujours été considérée comme un outil nécessaire, mais secondaire, pour le cinéaste. L'emploi conjugué de la tireuse et de la vidéo offre un champ large et varié, et ne conduit pas nécessairement à un effet esthétique particulier. Par exemple, la tireuse optique - ou "truca" (1) - sert à fabriquer des copies de qualité et des effets spéciaux optiques; la truca tire son origine historique de cette demande. Le tirage par contact est généralement moins cher, et ses capacités d'effets spéciaux sont plus limitées, même si les artistes cinéastes britanniques ont su en tirer des effets particuliers.

◀ 8 ◀ 9

La vidéo est une autre histoire. Son emploi est lié au film de deux manières principales, banales, mais non sans intérêt. Les films sont copiés en vidéo pour distribution et consommation à domicile. Ceci entraîne deux effets négatifs sur le plan esthétique : d'abord, une perte d'échelle; ensuite le remplacement de l'image, comme lumière projetée sur un écran, par une image électronique, très différente de celle du film, et caractérisée, la plupart du temps, par une platitude et une texture superficielle plus grossière. Esthétiquement, l'emploi de la tireuse optique et de la vidéo présente un intérêt pour la réalisation d'un film, quand ils produisent des effets que le film seul ne permet pas. Des deux techniques, le tirage optique reste sans aucun doute l'outil le plus important pour des fins esthétiques - et pas seulement pour des raisons économiques - dans l'art cinéma britannique. C'est cela que nous allons étudier.

Esthétique de la tireuse. La tireuse-contact en continu est d'emploi courant ; elle tire en mettant en contact la pellicule vierge et l'original. Par ailleurs, la tireuse optique (ou truca) est une mécanique de précision, comportant un projecteur et une caméra, reliés et synchronisés, en sorte que le film puisse être projeté directement, image par

---

* titre anglais: The Aesthetic Impact of Film Printing Processes and Video on British Avant-Garde Film.

image, dans l'objectif de la caméra : pour simplifier, on peut dire que l'on projette l'image du film original sur la pellicule vierge, dans la fenêtre de la caméra. La tireuse optique permet de réduire l' image (du 35 mm au 16 mm), de l'agrandir (du 8 mm au 16 mm), de faire des zooms, de répéter des plans, de faire des arrêts sur l'image, de doubler les images, d'inverser des mouvements, de faire des volets et des caches, etc. (2) Une autre technique, plus primitive, mais aussi bonne selon certains, consiste à refilmer directement sur l'écran : procédé employé par de nombreux cinéastes d'avant-garde, tels que Malcolm Le Grice, Derek Jarman, Ken Jacobs, William Raban, et bien d'autres. La tireuse optique fut utilisée pour la première fois, sous le nom de "tirage projection"(3), par le cinéaste anglais G.A. Smith, dès novembre 1897, pour inverser un mouvement. Les premiers films qui utilisèrent cette technique furent donc ceux de Smith : *Tipsy Topsy Turvy* et *The Akward Sign Painter*, tous deux perdus. Le seul film qu'il nous reste, employant la technique du tirage optique, est *The House that Jack Built* (1900) de Smith. En Amérique, Porter construisit une tireuse optique vers 1902 et elle servit probablement au procédé de cache des fonds, dans le classique *The Great Train Robbery*. Cependant, plusieurs des effets pouvaient être obtenus sur une tireuse-contact, et avec des caches. Plusieurs bandes de film peuvent être passées en même temps pour produire une surimpression. (Le tirage-contact allait devenir un outil important de la première période de l'art cinéma britannique.)

Le tirage optique fut rarement utilisé dans les premières années du cinéma; il fallut attendre les années 20 et la réduction du 35 mm au 16 mm et au 9,5 mm, formats lancés en 1923. Dans le classique de René Clair, *Paris qui dort* (1924), on trouve un emploi typique des effets spéciaux de la truca, avec inversion de mouvement et arrêt sur image. Les premières tireuses optiques construites en série apparurent vers 1930, fabriquées et vendues par des sociétés telles que la firme DePue. Elles ne firent leur apparition en Europe que vers1934-35. Hollywood les utilisaient principalement pour faire des volets, des fermetures au fondu au noir ou des fondus-enchaînés.

Le tirage contact, la tireuse optique, le re-filmage, eurent un retentissement dans les méthodes de tirage de l'art cinéma britannique. C'est le tirage-contact et le re-filmage sur écran qui constitue le principal aspect technologique des travaux de la première avant-garde anglaise. Une tireuse optique ne fut utilisée par la London Filmakers' Co-op, qu'en 1976. Cet emploi était associé depuis toujours au cinéma américain sophistiqué de la côte ouest : celui de Pat O'Neill, Jordan Belson et quelques autres. Pour des cinéastes de l'animation expérimentale comme les frères Whitney ou Len Lye, la tireuse optique était un outil technique parmi d'autres. L'emploi de la tireuse optique par ces artistes s'inscrivait dans un effort vers l'abstraction, bien que certains travaux de Pat O'Neill, dans un style surréaliste ''West Coast'', supposaient l'emploi de caches très sophistiqués, à des fins figuratives. De même, le classique de Norman McLaren *Pas de Deux* (1969), utilisait la tireuse optique pour la multiplication des images. Et Lye, dès les années 30, employait la tireuse optique pour des films comme *Rainbow Dance* et *Trade Tattoo*.

Dans l'Angleterre des années 60, avec les travaux de Malcolm Le Grice et de David Larcher, le tirage et le développement devinrent des moyens de prise en compte de la matérialité du film, et de création d'effets formels liés à l'idée de collage de texture et de couleur, les traces de cette mise en oeuvre étant visibles par le spectateur.(4) En ce domaine, l'apport de Le Grice est inestimable. Au milieu des années 60, il construisit une série de tireuses et de machines à développer. Le Grice et quelques autres étaient animés par le désir de réduire le coût de la fabrication des films et voulaient surtout être en mesure d'intervenir à chaque moment de leur fabrication. A l'origine, une tireuse fournie par "Arts Lab" fut adaptée par Le Grice et un étudiant du nom de Ben Yahya. Mais elle se révéla très instable. Ses images décalées et sautillantes furent introduites, d'une manière caractéristique, dans le film de Le Grice *Little Dog for Roger* (1967-68). Par la suite, Le Grice construisit une tireuse avec un projecteur, puis travailla à une tireuse en continu, qui donnait de bons résultats, mais était très lente. C'était un astucieux bricolage à base de sèche-cheveux, de tuyaux de plomberie, et de pièces de meccano. Il lui fallait une demi-heure pour développer trente mètres de film. Le Grice a raconté les heures passées en veilles solitaires, dans la chambre noire, à surveiller, jusqu'au petit matin bien souvent le développement des films. Cette proximité physique avec le film et cet engagement dans le développement et le tirage sont typiques du cinéma britannique

de l'avant-garde de cette époque. Avec cette machine, Le Grice réalisa *Talla* (1967), *Yes No Maybe Not* (1967), *Blind White Duration* (1967) et bien d'autres. En 1969, la Co-op acheta du matériel de développement et de tirage professionnel (une tireuse-contact alternatif) avec lequel on pouvait faire des caches et des arrêts sur image. En 1976, quand arriva la nouvelle tireuse optique, Le Grice s'était tourné vers de nouveaux travaux, et dans des films tels que *Blackbird Descending* (1976-77), des effets qui paraissent provenir d'une tireuse optique sont en fait une combinaison d'effets réalisés directement à la caméra et d'effets créés à la tireuse-contact.

En 1976, la Co-op acheta une tireuse optique JK, en Californie, lieu de leur fabrication. Raban, Le Grice et Larcher avaient souvent utilisé le re-filmage sur écran, la tireuse-contact et le tournage dans la fenêtre (Raban). Larcher employait fréquemment le tournage sur écran et la tireuse-contact, avec de courtes séquences à la tireuse optique (en laboratoire) dans ses premiers films. Gidal utilisa la tireuse pour effet de surimpression, avec le traditionnel procédé des copies ABC en projection. Durant les années 80, la tireuse optique devint la machine la plus utilisée de la Co-op. Moira Sweeney, Michael Mazière, Nick Gordon-Smith, Nick Collins et quelques autres devaient utiliser la tireuse pour les poétiques films imagistes qui marquèrent cette période, après les expériences structuralistes des années 70. (5)

Nous avons noté que pour nombre de cinéastes du début du mouvement coopératif, le tirage faisait partie du contrôle des moyens de production de l'image filmique. Cela faisait aussi partie d'un aspect pictural de ce travail, qui rappelle que la plupart sinon tous ces cinéastes sont à l'origine peintres et sculpteurs. Le tirage utilisé comme technique d'avant-garde était un moyen décisif d'anti-réalisme, ce qui n'implique pas que tout aspect de représentation soit exclu. Par exemple, dans les travaux de Gidal et Le Grice, l'image photographique de la réalité profilmique est indispensable, car leur esthétique, chacune à sa façon, procède de tensions et de contradictions entre l'image photographique et son éradication formelle. A bien des égards, leurs travaux évoquent la technique du collage qui met en lumière deux éléments : la matérialité de l'art-objet, et la célébration de la production artistique en tant que telle. Le sujet du film de Larcher *EETC* est la trace de la mémoire et, inévitablement, la trace du texte du film, comme procédé de construction de la mémoire.

A cet égard, la profonde nouveauté et le caractère unique du film, dans l'art du XX ème siècle, sont une évidence. La temporalité et la reproduction photographique distinguent cinéma de ses proches rivaux, le théâtre, le roman, la musique et la peinture. Ce sont ces mêmes aspects qui font du film d'animation un cousin lointain et embarrassant; voilà pourquoi mêler prise de vue directe et animation est si difficile, sauf à retravailler l'image directe par d'autres moyens, comme c'est le cas dans l'oeuvre de Robert Breer.

Ecrire sur l'esthétique de la tireuse, c'est un peu comme écrire sur l'esthétique de la brosse large en peinture. (Des parallèles avec d'autres arts sont difficiles à trouver : la truca ne donne pas un type d'image caractéristique comme par exemple, la soie dans la peinture sur soie; voir les différents effets obtenus par Larcher dans *EETC*, par les frères Whitney, Lye, et ceux de Spielberg). La peinture sur soie des implications ontologiques; alors que la tireuse optique n'est qu'un objet technologique. Toute la différence est là. Lier une esthétique à une machine n'est possible qu'au travers des oeuvres de ceux qui ont employé cette technique.

Si le film possède, avec la réalité, une relation inconnue des autres arts, on peut penser que la tireuse y est pour quelque chose. Dans le film de Le Grice *Berlin Horse*, l'emploi évocateur de la couleur et de la répétition est fourni par les techniques de tirage. Un court plan de cheval à l'entraînement est tiré en couleurs, en noir et blanc et en négatif ; ces images sont surimpressionnées de différentes manières dans la tireuse, et donnent un effet très particulier de solarisation de la couleur, ainsi qu'un mouvement circulaire répété à différentes vitesses. Pour Le Grice, il s'agissait d'une expérience sur les techniques de tirage; il en résulte l'un des plus beaux films de l'art cinéma britannique, et cela souligne l'importance du contrôle technique que permettait le matériel de la Co-op dans la production de films.

La tireuse-contact fut employée aussi bien que la tireuse optique. Le tirage par contact est plus simple. Il ne sert ni à modifier la vitesse de défilement du film, ni à arrêter une image. En 1979, William Raban parle de la chance des cinéastes britanniques ayant accès aux moyens techniques de la Co-op, développement et tirage : "avantage économique évident", et "créativité accrue". Dès 1967, Le Grice avait construit son propre matériel dans son arrière-cour de Harrow. Ces premières années furent cruciales pour l'originalité et la longévité de la Co-op. Liz Rhodes utilisa un tirage contact primitif pour copier du son optique sur film; *Light Music* (1977) en donne un bon exemple. Guy Sherwin employa la tireuse-contact pour mélanger deux films sur une seule copie, en cachant une partie de l'image, dans *Vermeer Frames.* Mais dans *Vermeer and Still Life* et dans *Windbreak*, Sherwin fit appel à une tireuse optique pour produire certains effets "magiques". La forme la plus primitive d'effets spéciaux - refilmer l'écran - a été utilisée par de nombreux cinéastes : c'est un moyen simple et peu coûteux pour ralentir un film, "entrer" dans un détail, etc., comme on le voit dans *Brenda Spinning* (1976) de Roger Arguile, ou encore dans les films de Derek Jarman, où il crée des surimpressions ou des effets de ralenti, par exemple dans *The Angelic Conversation* (1985). De même, le film de Ken Jacob *Tom Tom the Piper's Son,* se sert du re-filmage d'un vieux film d'Hollywood pour analyser et jouer avec la texture, la lumière, le détail, la forme, etc.

◀ 11

Vidéo et film : une nouvelle dialectique ? Une grande part de ce que j'ai à dire sur la dialectique du film et de la vidéo dans les travaux actuels des artistes est extrêmement hasardeux. Peu de choses ont été écrites sur cet hybride : artistes et critiques sont plongés dans les débuts de cette pratique. Ces dernières années, des cinéastes ont bien sûr utilisé le transfert film/vidéo pour réaliser des effets spécifiques de couleur, de texture, de surimpression : Tina Keane, Cerith Wyn Evans, Nick Gordon Smith. Sur ce terrain, Jarman a été un pionnier. Par exemple, *The Angelic Conversation* (1985) a d'abord été tourné en Super 8, puis transféré en vidéo (en filmant comme Le Grice et autres, sur un mur), puis, après montage, le film fut agrandi en 35 mm. Il en résulte une image immédiate, directe, sans profondeur, propre aux images électroniques issues de projections. Pour Jarman, l'emploi de la vidéo est très lié au coût de montage, notamment du montage film. Dans *Imagining October*, Jarman utilise un procédé de transfert analogue. (6) Une bonne part des premières expériences de Jarman en Super 8, principalement les surimpressions et les effets de texture dégradée dans *In the Shadow of the Sun* (1974-80) ont été obtenus simplement avec la classique méthode de l'avant-garde, en filmant sur un mur (7). Dans les oeuvres de Tina Keane, *Faded Wallpaper* par exemple, ou de Cerith Wyn Evans, *Epiphany* (1984), le résultat est plus un mélange de film et d'effets vidéo, apparentés à certains égards avec la tireuse optique. L'impression globale est celle d'un collage.

Le collage marque la rupture esthétique cruciale du modernisme avec le passé, en prenant en charge la stratégie "anti-art" de la réalité prise en tant qu'objet d'art ; cette stratégie se situe au coeur de l'art du XX ème siècle et nourrit encore ses dérivés post-modernes. Dada et le Cubisme, moments fondateurs de l'art du XX ème siècle, sont, à cet égard, liés. On a dit du montage qu'il est, pour le film, le concept le plus important. Il le doit sans doute au collage. Ceci traduit la tendance narrative pré-moderniste du cinéma depuis son origine. La surimpression d'un film sur un film n'est pas un collage. Il n'y a pas d'équivalent à l'emploi d'un objet réel, comme on en trouve dans les premières oeuvres de Braque ou de Schwitters. L'écran n'est pas une toile. C'est toujours une surface où, dans la durée, on projette de l'ombre ou de la lumière.

Les artistes, néanmoins, se sont servi de la vidéo pour fragmenter l'image, pour mélanger des images et aussi pour créer un collage de textures. Le résultat dépendra largement de ce que l'oeuvre reste une vidéo basée sur un tournage film, ou qu'elle revienne à la projection film. Ces derniers temps, les auteurs ont accepté que leurs oeuvres existent à la fois en film et en vidéo. Cette décision économique et pratique élargit les possibilités de distribution. L'emploi de la vidéo pour la circulation des copies a contribué peu à peu à créer une indifférence à l'égard du format des oeuvres. *EETC* de Larcher est un exemple d'oeuvre "interfacée" film/vidéo, qui existe à la fois pour l'un et l'autre support, mais qui, pour des raisons économiques, n'est disponible qu'en vidéo.

Le fait que *EETC* ait été commandité par Channel 4 impose le format final. Les compagnies de télévision sont peu enclines à financer de coûteuses copies 16 mm d'oeuvres diffusées sur support vidéo. Personne ne semble avoir posé la question de savoir si le double format d'une oeuvre en fait deux objets esthétiques différents. Voir *EETC* en film et en vidéo (même en vidéo-projection) devrait être quelque chose de différent, mais jusqu'à quel point ?

Le mélange de la vidéo et du film, comme certaines méthodes de tirage, sont stratégiquement anti-réalistes et déconstruisent le temps et l'espace. Les films de Le Grice *Berlin Horse* et de Larcher *EETC* sont exemplaires sur ce point. Ils juxtaposent souvent la même image de "réalités" spatio-temporelles différentes, comme pour amplifier l'idée de mémoire comme trace : présent, passé et futur. Cela nous rappelle la mise en cause de l'espace en perspective classique et la mise en cause du temps linéaire, dans les collages cubistes de Braque et de Picasso, ou chez les Dadaistes. Dans *Swimmer* de Michael Mazière, le temps est arrêté et répété principalement à des fins poétiques. Dans la série de Moira Sweeney, *Imaginary,* la tireuse optique est l'outil d'une représentation expressionniste de l'expérience consciente et inconsciente du temps, de la réalité et de la sexualité. Et dans le film *Looking for the Moon,* le tirage optique produit un ralenti et une répétition (à la manière de Deren) et le bouleversement du narratif à des fins d'expression émotionnelle.

Ces thèmes abordent un domaine qui mériterait bien plus de recherche. Du point de vue esthétique, la tireuse restera toujours un instrument important pour l'art cinéma, aussi longtemps que des formes de réalisme n'en domineront pas le projet. Même Warhol - c'est à noter - qui est en un certain sens le "réaliste" classique, a employé le re-filmage pour arrêter une image. Plus important : une telle étude pose des problèmes d'esthétique filmique qui ont été à peine abordés. La récente apparition de la vidéo dans le film complique encore la question. Pour l'instant, on ne peut qu'affirmer l'évidence : l'art cinéma britannique est unique dans l'importance qu'il a accordée pour la réalisation de films aux techniques de tirage, et plus récemment, aux techniques de la vidéo. (8)

BOITES NOIRES

Quand les technologies de l'image s'automatisent au point de ne plus faire intervenir ni la main ni l'œil, les appareils divers - caméras de toutes sortes, écrans électroniques, synthétiseurs, etc. - que l'artiste utilise, apparaissent souvent à ses yeux comme des "boîtes noires" dont le fonctionnement obscur lui échappe partiellement. D'où, deux attitudes pour le créateur : pénétrer dans la boîte noire, comme les Vasulka s'en font une règle pour la vidéo, ou rester au dehors. Les premiers invoqueront la nécessité de comprendre le "médium", sa spécificité, de l'intérieur, les seconds déclareront qu'il n'est pas besoin de connaître la mécanique pour conduire une auto.
Avec les technologies numériques de l'image (et du son), l'écart entre ces deux attitudes s'agrandit démesurément. D'une part, l'ordinateur n'est plus une boîte noire entièrement matérielle. La boîte noire de l'ordinateur n'est pas seulement constituée de circuits électroniques, de *hardware* (mémoires, processeurs, etc.), elle est aussi faite de programmes, de *software*. Pénétrer dans la boîte noire signifie alors pour l'artiste, non pas intervenir au niveau du hard - c'est possible, mais très difficile et sans intérêt réel - mais au niveau du soft, de l'écriture du programme, de son *langage*. Ce qui implique, pour celui-ci, la nécessité de s'adapter à un nouvel univers technologique (doté d'un espace et d'un temps propres) où l'image est générée par du langage.

12 ▶

L'ordinateur, d'autre part, est capable de *simuler* n'importe quelle autre boîte noire et de se comporter comme un appareil photographique ou une caméra de cinéma, par exemple. Faculté mimétique qui souvent rend la compréhension du phénomène numérique difficile. Son rôle consistera alors à créer non pas tant des images - des projections en deux dimensions d'un objet, d'un paysage, d'un personnage, ou d'une scène complète - que des *modèles* abstraits, capables de générer par calcul, sous une *forme virtuelle* n'existant qu'à l'"intérieur" de l'ordinateur, l'objet, le paysage, le personnage ou la scène, en entier et dans les trois dimensions. Il pourra aussi bien simuler des instruments plus simples comme le pinceau, le crayon, la règle, le compas, la gomme, l'aérographe, auxquels il ajoutera des fonctions automatisées nouvelles (duplication, changement d'échelle, textures, etc.). L'ordinateur pourra enfin contrôler, par le bais de la numérisation - c'est-à-dire de la transformation de l'image chimique

(photo, cinéma) ou électronique (vidéo) en *matrices de nombres* - n'importe quelles images produites par un appareil photo, une caméra de cinéma ou de télévision.

Le numérique apparaît donc comme une technologie ambivalente et contradictoire, susceptible d'un côté, de *prolonger*, avec une certaine continuité, des techniques ou des savoir-faire antérieurs (de la peinture à la vidéo), de les *assister* - tout en leur apportant d'autres avantages - et, d'un autre côté, d'offrir aux artistes des outils de création véritablement nouveaux, en rupture non seulement avec les techniques traditionnelles de l'image mais encore avec les modes de figuration eux-mêmes sur lesquels notre art et notre culture se sont fondés depuis des siècles. Ceci explique le tiraillement de l'image numérique entre deux tendances opposées : l'une qui la rabat sur des savoir-faire et des préoccupations esthétiques déjà bien constitués, s'appuyant sur des traditions incontestables, l'autre qui l'attire vers une technologie radicalement différente, en perpétuel dépassement, induisant des préoccupations esthétiques insoupçonnées et exigeant du créateur qu'il fasse l'effort d'entrer assez profondément à l'intérieur de la boîte noire de l'ordinateur.

Ainsi, nous rencontrons des artistes qui utilisent l'ordinateur (il s'agit alors de palettes électroniques 2D plus ou moins complexes) à peu près de la même façon qu'ils utilisent leur pinceau. Il leur est inutile, en ce cas, d'entrer dans la boîte noire, puisque cette boîte est conçue pour simuler différents outils graphiques qu'ils manipuleront avec une "souris" ou un pinceau électronique. On évoquera rapidement ces innombrables réalisations, fixes ou animées, d'où émergent assez peu de travaux de qualité, en regrettant que la puissance technologique du numérique n'aboutisse qu'à produire encore plus vite de plus médiocres images.

Il faut, cependant, mentionner l'expérience du peintre Matta qui a eu le courage de se frotter à l'une de ces palettes mais dont on peut regarder les résultats avec réserve (*Mattamorphoses*, 1988). On ne voit pas ce que le numérique a apporté de vraiment novateur à Matta, hors la possibilité d'enregistrer - implacablement - l'ensemble du processus pictural. Ce qui aurait pu susciter un nouveau rapport de la peinture au temps est resté, en réalité, assez peu abouti, faute d'une compréhension technique et théorique des propriétés du *temps numérique* que ces techniques donnent à expérimenter. Les palettes ne sont pas, pour autant, des outils sans intérêt. Elles donnent une dimension supplémentaire aux arts graphiques et picturaux et avec l'apparition prochaine d'imprimantes couleur, de grand format et de haute définition, elles libéreront l'image de l'écran électronique qui en fait des outils tournés vers la vidéo plutôt que vers les arts plastiques.

Nous rencontrons ensuite une très vaste catégorie d'artistes qui utilisent l'ordinateur comme un moyen d'*hybridation* entre deux ou plusieurs techniques. Le numérique leur sert, par exemple, à *traiter* des photogrammes et des vidéogrammes ainsi que toutes sortes de documents numérisés (photo, peintures, dessins, etc.), et à les travailler (découper, incruster, surimprimer, texturer, déformer, changer d'échelle, etc.) avec toute la souplesse et la finesse que permet l'ordinateur. Pour ces techniques hybrides, il faut des artistes également hybrides qui soient capables de bien les maîtriser et les combiner.

Je citerai, seulement à titre d'exemple, Peter Weibel qui a su, dans **Gesänge des Pluriversums** (1986-88), utiliser toutes les ressources de l'hybridation électronique-numérique (changement d'échelle, en particulier, des objets) pour donner cette impression de continuité et de fluidité entre des micro et des macro-espaces, des micro et des macro-temps et substituer au point de vue central imposé par l'œil de la caméra un regard éclaté et flottant sur le monde. Kjell Bjørgeengen a su, lui aussi, intégrer à son expérience de vidéaste et avec économie, les possibilités offertes par le numérique. *Memory Tracking* (1987) nous fait dériver dans une ville (New-York) dont les bâtiments projettent une ombre noire et irréelle sur un fond qui n'est pas le ciel - mais peut-être celui d'une mémoire qui cherche un souvenir - dans un mouvement lancinant et obsédant, s'exerçant toujours dans le même sens de l'écran, rompu seulement par des arrêts où l'image se décompose brutalement en ses constituants linéaires.

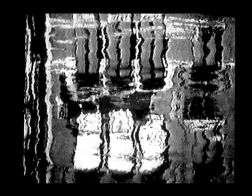

Il faut évoquer encore Zbigniew Rybczynski qui propose, avec *Steps*, une œuvre forte et originale, irréalisable, mais aussi inconcevable, sans les ressources du numérique. On y voit un groupe de personnes (ou plutôt leur image vidéo) "visiter" en quelque sorte, guidées par le réalisateur lui-même, comme des touristes incultes, la fameuse scène de la fusillade d'*Odessa du Cuirassé Potemkine*, à laquelle ils se mêlent. *Steps* est au fond l'histoire d'un viol, celui du photogramme cinématographique par la ligne vidéo assistée par le pixel. Le terme d'hybridation (en grec ancien le mot *ubris* désigne l'excès, tout ce qui dépasse la mesure, la violence et le viol) prend ici son plein sens. Le traitement numérique du film a permis notamment un découpage très précis des personnages et des objets du film d'Eisenstein et un repérage parfaitement contrôlé de leurs mouvements. Le résultat final est bien plus qu'un habile collage ou une incrustation d'images hétérogènes, c'est une nouvelle esthétique visuelle. Dans cette métaphore puissante, l'auteur attire notre attention sur les dangers du numérique capable de décomposer, de réduire en miettes ou de recomposer toutes les images qui existent et, en même temps, sur ses fascinantes promesses.

◀ 13

Dans ces quatre cas encore, on ne peut pas dire - au sens strict, du moins, où l'entendaient Steina et Woody Vasulka - que les auteurs pénètrent dans la boîte noire. En revanche, ils vont très loin dans la connaissance des techniques de figuration dont ils se servent. Et l'on peut dire que la boite noire dans laquelle ils pénètrent est celle de la spécificité de leurs outils, de leurs hybridations, jamais évidente *a priori*. Si ces auteurs ne font pas d'électronique ni de programmation informatique, ils savent accéder au cœur caché de la technique.

A l'autre extrémité de l'éventail des technologies numériques, nous trouvons enfin des artistes qui pénètrent effectivement dans la boîte noire. Les images qu'ils créent, fixes ou animées, sont entièrement calculées. Ils se servent de logiciels suffisamment "ouverts" pour accepter des instructions programmées, soit dans des langages assez proches du langage naturel, soit dans des langages courants utilisés en informatique. Ils travaillent de préférence en synthèse tridimensionnelle, ce qui signifie qu'ils n'agissent

pas directement sur des images mais sur des modèles virtuels générant des objets en trois dimensions. Certains parmi eux ont été jusqu'à construire eux-mêmes leur propre boîte noire, celle de leur logiciel.

En France, Hervé Huitric et Monique Nahas ont réalisé, avec le logiciel Rodin, dont ils sont les auteurs, plusieurs films. Conçu comme un outil de peintre-sculpteur, ce logiciel génère des formes, des coloris, des lumières et des textures particulièrement raffinés. Leur dernier film, *Pygmalion* (1988), prétextant de quelques allusions mythologiques, met en scène, des visages et des corps humains animés qui ne doivent leur existence qu'aux calculs de certaines courbes paramétriques. Les formes jouent entre un réalisme précis et une distorsion baroque et provocante. Hors des modes et des références contemporaines, nostalgique - comme tous les films de leurs auteurs - d'une peinture dont jamais l'image de synthèse n'égalera la beauté, *Pygmalion* renvoie, sans en avoir l'air, à l'un des problèmes cruciaux de la synthèse : savoir se libérer des modèles réalistes tout en les utilisant.

◀ 14

L'image de synthèse, en effet, n'arrive pas à se détacher d'un réalisme étroit et cela pour une raison, au moins. La conformité d'une "représentation" à un modèle est d'autant plus facile à évaluer que celle-ci se rapproche de la réalité. Ce critère - intéressant malgré tout, car la simulation du réel est un objectif *scientifique* incontournable - reste encore le critère dominant dans l'esprit de tous les spécialistes de l'image de synthèse parmi lesquels figurent une majorité d'ingénieurs et de professionnels de l'image qui connaissent mal ou pas du tout l'art contemporain. En réalité, les préoccupations esthétiques des artistes travaillant avec des ordinateurs ne sont pas fondamentalement différentes de celles des autres artistes contemporains, quant à la question du réalisme.

Les images du japonais Yoichiro Kawaguchi, par exemple, (*Ecology : Ocean*, 1986, *Ecology : Float*, 1987; *Growth I, II, III,* 1983-85, etc.), l'un des créateurs les plus surprenants de sa génération, ne sont ni réalistes, ni abstraites. Le monde qu'elles évoquent est une sorte de monde organique, hybride, entre le végétal et l'animal, où s'agitent, croissent et se multiplient d'étranges créatures aquatiques au formes et aux couleurs complexes et chatoyantes. Novateur incontestable, Kawaguchi a su aussi, en particulier, par sa connaissance d'une technique très sophistiquée - le lancer de rayon - renouer avec l'art traditionnel et subtil du reflet (le laque, la porcelaine, la glaçure noire, le jeu du mat et du brillant), tandis que sa conception de la métamorphose et de la fluctuation rejoint l'antique notion de *mujo* (l'instabilité des êtres dans un univers éphémère). Non réalistes, également, les images de William Latham, ***The Conquest of Form*** (1989), qui s'intéresse, au-delà de leur très riche apparence visuelle, à l'intérieur même des formes. Grâce à la synthèse tridimensionnelle, Latham nous permet de pénétrer dans la compacité interne d'insolites sculptures, de voir et de concevoir les formes volumiques comme elles ne l'ont jamais été.

En France encore, Michel Bret qui a lui même écrit les soixante mille lignes de son logiciel Anyflo, imagine, dans ***Automappe*** (1989), une sorte de bestiaire composé de créatures étranges, hybrides (crapaud à roulettes, oiseau à voile...), dérivant dans un univers de fiction aux architectures délirantes. Le plus étrange dans ces créatures ne se voit pas, ne s'expose pas. Elles obéissent à des règles comportementales définies par l'auteur mais dont il ne prévoit pas exactement les effets. Elles agissent et réagissent les unes sur les autres non sans une certaine "liberté" d'action. Les objets eux-mêmes sont dotés de propriétés étranges : les miroirs, par exemple, réfléchissent effectivement - au second sens du terme - avant de renvoyer une image, comme l'avait souhaité Jean Cocteau. Il y a, là encore, l'amorce d'une esthétique nouvelle qui s'intéresse moins à l'apparence des formes qu'à des comportements et des interactions.

C'est dans un esprit assez voisin que travaillent Daniel et Nadia Thalmann, à partir du logiciel Human Factory et d'un système expert de leur conception qui contient des règles d'animation des corps, des visages et des mains. Leurs acteurs de synthèse, des simulations de Marylin Monroe et d'Humphrey Bogart (***Rendez-vous à Montréal***, 1987) interprètent ainsi avec une patience inlassable et une exactitude que n'ont pas les

acteurs réels, les directives que leur donnent leur metteur en scène.

Il faudrait encore évoquer ces boîtes noires qui permettent de jeter de nouveaux ponts entre les arts, par exemple, entre le son et l'image. John Whitney, dont on n'oubliera pas la contribution à *2001, A Space Odyssey* (1968) de Stanley Kubrick, aux Etat-Unis, a été l'un des premiers à concevoir un ordinateur dédié aux relations son-image, qu'il appelle l'*aural-visual art*, un art où les formes visuelles, abstraites, et leurs mouvements sont régis par des règles d'harmonie musicale. Il y a dans les films de Whitney, une sorte d'adhésion profonde de la musique à l'image, une complémentarité qui, loin de jouer comme une redondance, exalte ces deux arts. On peut aussi citer Larry Cuba qui, avec *Calculated Movements* (1986), développe cette relation son-image avec des moyens minimaux (noir, blanc, gris) en s'éloignant des contraintes harmoniques pour jouer plutôt sur les contrastes, les ruptures, le contrepoint. Ou encore Adriano Abbado (*Dynamics*, 1988) qui définit la forme et la texture d'objets simples en trois dimensions à partir de timbres sonores et qui les anime avec des mouvements de translation ou de rotation, en accord également avec la musique. Les objets visuels s'imposent au regard comme des métaphores de la musique et non comme des traductions plus ou moins justifiées.

Les boîtes noires de la synthèse d'image qui présentent les caractères les plus spécifiques et les plus complets sont sans doute les *dispositifs interactifs*. L'interactivité numérique jette alors un pont entre l'image et le regardeur. Elle permet à celui-ci d'interagir, *en temps réel*, autrement dit immédiatement, avec l'image. De même qu'à l'intérieur d'un simulateur de vol, l'image que le pilote a devant ses yeux est le seul produit des manœuvres qu'il impose à son avion, l'image interactive est le produit d'une sorte de dialogue entre le regardeur et elle-même. L'intervention de l'artiste consiste alors à définir les règles de ce dialogue. L'inconvénient est que ces dispositifs sont très coûteux, notamment quand ils donnent à voir des images tridimensionnelles de haute définition. Les tentatives dans ce domaine sont encore rares mais on peut, cependant, en citer deux.

La première est *The Legible City* de Jeffrey Shaw (1989). Pour voir et explorer cette cité, le spectateur-acteur, doit enfourcher une bicyclette réelle maintenue immobile mais sur laquelle il peut pédaler et déplacer le guidon. Il a devant lui un écran vidéo connecté à un ordinateur où il aperçoit les rues d'une ville imaginaire dont les maisons sont composées de lettres en trois dimensions assemblées en mots. Parcourir une rue revient à lire un texte duquel on peut s'échapper à chaque croisement. Il y a neuf textes-scénarios, identifiables par la couleur des lettres, à découvrir et à combiner éventuellement.

La Plume (1988), un autre essai d'œuvre interactive, a été réalisé par Michel Bret, Marie-Hélène Tramus et moi-même. Le spectateur est invité, dans ce cas, à souffler sur une petite plume d'oiseau reposant au bas d'un écran relié à un ordinateur. Dès que le souffle atteint la plume, celle-ci s'élève, plus ou moins rapidement, avec des mouvements variés selon la force et la durée du souffle. Quand le souffle cesse, la plume retombe en suivant des trajectoires complexes, chaque fois différentes. Si le souffle est trop fort ou dure trop longtemps, la plume sort complètement de l'écran; il faut alors attendre quelques secondes pour la voir réapparaître, tombant doucement. Aucune image n'est enregistrée à l'avance. La plume en mouvement que l'on voit sur l'écran est calculée en temps réel, d'après les informations transmises à l'ordinateur par le souffle. L'image est le résultat d'une interaction entre elle-même et un élément qui lui est totalement étranger - le souffle -, une hybridation entre le réel et le virtuel.

Avec l'image interactive en temps réel, s'inaugure beaucoup plus qu'un progrès technologique : un Nouveau Monde, un continent inconnu, celui du Virtuel. Monde déconcertant qui remet en cause les assises de notre culture. L'art doit prendre en compte, désormais, un troisième terme dans le jeu qu'il organisait jusqu'à présent entre le Réel et l'Imaginaire. Le numérique est, au fond, une technologie du virtuel. Il sera difficile aux artistes de s'aventurer sur ces terres inconnues sans passer par la boîte noire de l'ordinateur, sans y pénétrer.

PEINDRE L'ONDE MUSICALE

Grâce au formidable potentiel de l'informatique, on parviendra très bientôt à fusionner la musique avec la peinture.

Prédiction à partir d'une réalité, une telle assertion paraîtra sans doute abstruse et banale à l'ère de la télévision et de l'innovation permanente dans le domaine des media. Et pourtant, l'interpénétration de la couleur et du son à l'intérieur d'une même trame représente un événement capital d'une réelle nouveauté, et fait désormais partie de l'actualité. Avec les nouveaux moyens qu'offre l'ordinateur ultra-rapide, grâce aux traitements de textes et aux synthétiseurs numériques, certains principes anciens de composition à partir de notes et de tons ont dû subir des modifications durables. Dans un avenir proche, avec l'aide de l'ordinateur et de logiciels adaptés, de la même manière qu'il est possible de rédiger et de corriger un écrit avec un traitement de texte, on pourra manipuler les couleurs et les sons selon des méthodes de composition et de révision interactives. On assistera à l'évolution d'un nouvel art visuel en mouvement, dans lequel interviendront simultanément le son et la couleur.

16 ▶ Actuellement, la provocante nouveauté que représente le graphisme informatique semble encore prisonnière d'une préoccupation de représentation quasi-photographique d'images du réel en trompe-l'oeil. Subordonné à un tel objectif, l'art de la vidéo consiste à manipuler diversement les images du monde réel captées par les caméras de télévision, auxquelles s'ajoutent parfois des ornementations vidéographiques abstraites. En fait, les ordinateurs peuvent créer, à partir de calculs mathématiques, des images mouvantes organisant motifs et traits en un ballet musical sans précédent.

Alors même que la caméra vidéo capture des images du monde synthétisées par des ordinateurs, il subsiste une possibilité infinie pour l'art et la communication de s'exprimer au moyen des images uniques que recèlent les calculs effectués par un système informatique. Les calculs informatiques abstraits qu'inspire une imagination en liberté peuvent se révéler beaucoup plus colorés que l'imagerie photographique et aussi dynamiques que la musique. L'imagination artistique dispose d'une possibilité de création neuve laquelle apportera une solide contribution à la révolution culturelle de notre époque.

La conviction ancienne selon laquelle la couleur et le son musical possèdent une affinité magique est vérifiée par la technique. C'est la première fois que nous sommes en mesure de créer (imaginer/calculer) des organisations de couleurs et de sons qui, en se mélangeant, deviennent une véritable forme de sculpture fluide dans le temps.

Une puissance équivalente du pixel (la plus petite unité de l'image) et de la sinusoïde (la plus petite unité de toute musique) offre une continuité structurelle de composition pour les deux éléments. Toute image en mouvement qui possède une richesse de texture photographique dense est manipulable avec autant de précision que la plus élémentaire des abstractions géométriques. L'éventail des formes graphiques, de la plus complexe à la plus simple, est devenu un continuum aussi dynamique que celui du spectre auditif tout entier qui passe de la musique à la voix, puis du bruit à l'onde sinusoïdale. Les dynamiques auditives et visuelles perceptibles appartiennent désormais à un domaine de l'imagination programmable. On produira une figuration visuelle au moyen de dizaines de milliers de pixels graphiques, comme on programme une figuration musicale à l'aide de dizaines de milliers d'ondes sinusoïdales.

Cette importante innovation dans le domaine des ordinateurs et des logiciels offre les instruments d'un art nouveau de l'image en mouvement. Malheureusement, les potentialités que représente cet art restent encore incomprises de la majorité. Eclipsés par un siècle de "visualisations" tâtonnantes de la musique - du dessin animé à l'abstraction pure, de Disney à Oskar Fischinger - ce n'est que maintenant que les ordinateurs peuvent offrir des compositions de couleur d'un raffinement et d'une maturité plus achevés. Désormais la dimension temporelle de cette sophistication est devenue aussi subtile et fluide que la structure musicale. Sans doute une brève exposition du contexte historique permettra-t-elle de mieux éclairer la genèse des faits.

Les peintres s'efforcent depuis le début du siècle de cultiver les principes iconoclastes d'une composition audacieusement abstraite, donnant naissance à une forme d'expression capable de rendre une impression intime, spirituelle semblable - à l'exception de ses dimensions temporelles - à celle qui est propre aux diverses manifestations de l'art musical. En pionnier, le peintre abstrait Vassily Kandinsky résume en quelques mots certains concepts et aspirations de ces artistes dans la première lettre qu'il adresse à Arnold Schönberg, le 18 janvier 1911 : "Dans vos oeuvres, vous avez réalisé ce que moi-même, quoique sous une forme indéterminée, j'attendais tant de la musique. La progression indépendante à travers leurs propres destins, la vie indépendante des voix individuelles de vos compositions, sont exactement celles que je tente de trouver dans ma peinture".

Kandinsky "enviait" Schönberg d'avoir su fixer sa théorie unifiée des sons telle qu'elle apparaît dans sa *Théorie de l'harmonie*. Le rêve de Kandinsky de parvenir à créer une théorie de l'harmonie en peinture - "la couleur et le trait en eux-mêmes", semblable au système de composition dodécaphonique de Schönberg - pourrait s'appliquer aux nombreux artistes cités ci-après. Chacun à sa manière - Malevitch, Mondrian, Pollock, Kline, de Kooning, Rothko et bien d'autres jusqu'à nos jours, sont devenus par inadvertance et indépendamment les uns des autres, les membres d'une même fraternité. Avec le recul, nous constatons qu'à des degrés divers, chacun s'est consacré au concept spirituel ou universel de "la plastique pure", "forme et contenu mêlés en un seul et même instant" - citation extraite des écrits de Mondrian.

Ceci s'est mué en une longue quête de ce qu'on pourrait être tenté de résumer sous l'étiquette de "musicalisation" de la peinture. Ces voix individuelles de la musique de Schönberg étant, selon les mots de Kandinsky, "exactement ce que je recherche dans ma peinture". Dans un renversement ironique de ce même rêve, Alexandre Scriabine, quant à lui, envisageait un contrepoint coloré à ses inventions musicales.

Qui pouvait prévoir que cet ardent désir largement partagé d'intégrer un contenu pseudo-musical divers à un art visuel - ou le désir inverse de Scriabine et des autres d'ajouter de la couleur à leur musique - trouverait enfin son aboutissement dans un art visuel en mouvement qui utiliserait les moyens de l'informatique ? Qui, autrefois, aurait pu imaginer comment réaliser un tel rêve ?

Les méthodes actuelles qui recourent à des logiciels de composition artistique en temps réel sont difficiles à manier en comparaison de ceux qu'on utilise dans les domaines du commerce et des sciences. Ceci pose naturellement un problème, car bien que d'intérêt général, l'effort de développement d'applications exclusives de l'informatique au service de la musique ou de l'art trouve peu de compréhension et de soutien.

Malgré tout, l'informatique doit être considérée comme l'instrument le plus adapté à une création picturale en mouvement - création musicale associée à la couleur et au graphisme. Bien que ceci entraîne des conséquences phénoménales pour l'avenir commun de la musique et de la peinture, on n'en comprend pas encore nettement la portée non plus qu'on ne l'envisage suffisamment en général.

Pensons au rôle capital qu'a joué l'harmonie dans la structure de la musique depuis ses origines qui remontent à la préhistoire. On explore rarement l'hypothèse logique d'une seule et même harmonie inhérente à des perceptions du Temps à la fois auditives et visuelles. La mise au point de logiciels de composition est lente, faute, sans doute, de prendre suffisamment cet aspect en considération. Lorsqu'on entreprend la "visualisation" d'une musique, il arrive souvent que cette dernière soit traitée comme un accompagnement, plus ou moins indépendant et marginal, au lieu d'être considérée comme la partenaire interactive potentielle, en harmonie avec la couleur et le trait. En outre, on éprouve fréquemment la nécessité de justifier de vagues théories sur la synesthésie, lesquelles impliqueraient un jeu de mystérieuses interférences sensibles - encore inexplorées toutefois - entre le son et la couleur. L'impact visuel de l'harmonie - impact bi-sensoriel - n'est pas simplement explicable par le facteur psychique ou subjectif encore mal compris, connu sous le terme de synesthésie, aussi opérant cependant qu'il soit.

Les interactions entre le danseur et la musique, les gestes du chef d'orchestre et la musique, ou les interactions d'ordre de la perception oculaire à l'intérieur de toute

◀ 17

manifestation musicale, démontrent toutes que l'harmonie est une composante visible de la force tangible et résonnante du Temps. L'ample énergie physique investie dans une manifestation musicale est un autre témoignage de cet aspect tangible.

La fonction de l'harmonie, véritable arbitre du temps, recouvre une signification vitale pour la compréhension du rôle neuf que peut jouer l'informatique dans l'art. Les ordinateurs calculent avec une splendide précision dans le temps et traduisent sur leurs écrans et leurs haut-parleurs les forces physiques périodiques de la résonance. La périodicité harmonique est rendue conjointement visible et audible au niveau de la sinusoïde et du pixel. Néanmoins, le grand scepticisme et l'évidente incompréhension dont elle fait l'objet est attribuable à une situation paradoxale : avant l'avènement de la technologie du graphisme informatique, l'élément numérique, périodique de l'image, appelé pixel, était à peine connu. Alors qu'inversement, l'intuition de l'existence d'un élément périodique (l'onde sinusoïde) des sons mélodiques remonte probablement à l'époque de Pythagore.

Maintenant on comprend mieux qu'une harmonie générale de la résonance concrétise toutes les forces temporelles n'intégrant qu'incidemment les forces audibles que les compositeurs s'entraînent, sur un plan sensible, à percevoir et manipuler. S'inspirant de siècles d'inventions et de découvertes, les compositeurs ont appris à négocier avec les combinaisons infinies des ratios harmoniques, 1:2, 2:3, 3:4, 4:5, etc. Ceux-ci indiquent les anciens intervalles musicaux, l'octave, la quinte, la quarte, les tierces, et les intervalles redoublés utilisés dans les constructions de l'accord et de la mélodie - tous éléments, bien sûr, des gammes exponentielles des claviers.

Tel un compositeur qui joue sur les montées et descentes de la consonance et de la dissonance (pour soutenir, construire ou relâcher la dynamique de la tension), un artiste peut maintenant diriger les pixels de façon à donner forme, à la fois par la couleur, la texture et le contour, aux ascensions ou aux chutes de progressions ordonnées ou désordonnées. Des organisations visuelles peuvent s'élaborer de manière à concrétiser des actions progressives qui évoluent vers une résolution exactement comme les enchaînements d'accords en musique : toutes deux sont issues d'une arithmétique exponentielle, sous-jacente et similaire; les deux formes de calculs sont évocatrices des forces de résonance et de tension inhérentes au Temps.

Puisque les logiciels offrent désormais une continuité schématique, une combinaison nouvelle - l'artiste/le compositeur - interviendra de manière interactive dans un programme de création d'un objet d'art aussi permanent que n'importe quelle oeuvre de peinture ou de pierre. Avec un tel logiciel de composition, l'ordinateur calcule sur l'ordre de l'individu dans son acte de création, une calligraphie ou une danse audio-visuelle. Tout en étant semblable aux notations musicales qui mènent les ensembles et les manifestations musicales, cette notation informatique commande à un ordinateur "professionnel" (c'est-à-dire programmé) de "représenter" (calculer) une action sous forme de pixels, d'une coloration et d'un rythme qui s'ajoutent en contrepoint de la structure musicale.

Le raffinement toujours plus poussé des logiciels permettra à chacun de modeler et de remodeler à l'infini des créations dynamiques interactives comme si elles étaient un geste de nature à la fois audible et visible. Ce raffinement aboutira à une calligraphie virtuelle de l'imagination qu'évoque la métaphore du maître Zen, "peindre sur l'eau" (peindre sur une toile blanche renouvelable à l'infini). Une nouvelle forme d'art, avec une dimension principale dans le Temps, se frayera enfin un chemin au sein des salles de concert, de la télévision, des disques laser, de la vidéo-cassette ou de toute autre technologie de publication et de diffusion qui trouvera audience dans les nombreuses années à venir.

Ainsi les puissances de calcul de l'ordinateur nous mèneront au seuil d'un monde étourdissant de possibilités qui assistera à la réalisation de l'archétype étrangement identique rêvé à la fois par Kandinsky et par Scriabine. Les systèmes informatiques permettront de franchir le premier pas qui, au-delà des gestes figés de l'Expressionnisme Abstrait, iront en direction d'une nouvelle musique pleine d'audace et d'un art pictural du mouvement - une véritable "action painting" (1) et beaucoup plus encore.

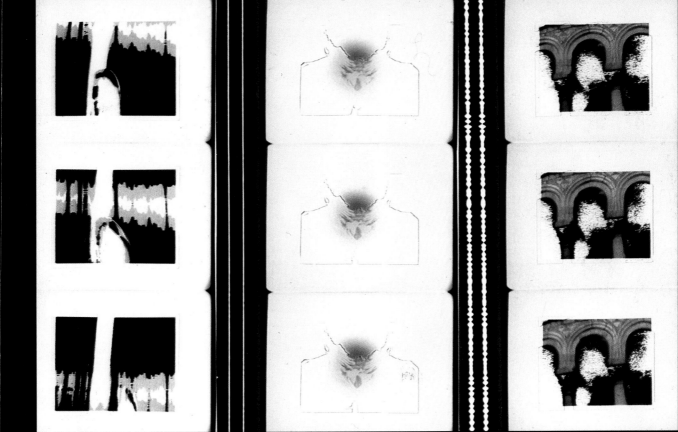

NOMBRE, L'OMBRE NIEE *

L'ombre niée ? ... Sur l'écran quelques échantillons d'images numériques. Elle vienent d'Alias Research au Canada. Ces images simulent des matières, des textures, des mouvements, des colorations... Parmi elles quelques moments spectaculaires : un vase en albâtre translucide, un nuage de fumée vagabonde, une longue masse de fourrure touffue en train de ramper, la surface ondoyante d'un fluide. Ces apparitions sont si parfaites que, tels des trompe-l'oeil, elles provoquent un trouble coenesthésique. Ce trouble ne donne pas tant l'illusion de la *présence* que la certitude d'une *similitude* accomplie. En effet le producteur de ces "visions" s'est appuyé à n'en pas douter sur la mémoire perceptive du vase, de l'albâtre, de la fumée, de l'eau, de la fourrure, etc. Mais ces images, identifiables par le spectateur, ne résultent que d'un ensemble de calculs, d'équations mathématiques qui sont intégralement formulables dans une écriture aniconique. Les modèles mathématiques pourraient donc fort bien se passer d'images. Benoît Mandelbrot rappelle non sans humour l'existence d'une tendance "iconoclaste" chez les mathématiciens et dans son superbe enthousiasme pour l'art "fractal" il parle de ce "*baiser de l'ordinateur* qui permit à l'image de proclamer violemment son extraordinaire et puissante source d'inspiration". L'art fractal est donc une mine inépuisable de simulations et d'inventions qui nous ramène à la visibilité sensible d'un rêve jusque la strictement philosophique puisque tout le réel et tout le possible deviennent l'un et l'autre mesurables et générables dans l'ordre de la plus stricte rigueur mathématique.

◀ 18 ◀ 19

Quand l'art développa historiquement les formes d'un réalisme de plus en plus docile à la perception et cela jusqu'au trompe-l'oeil, on remit en question la fécondité même et la liberté de la création. Les lettres de noblesse acquises par les combinaisons spéculaires de la mimesis perspectiviste s'épuisèrent jusqu'à ce qu'une réaction de saturation critique conduise les artistes à inventer un ordre non figuratif. Au coeur de ce mouvement, l'abstraction inspirée par les sciences ou les modèles mathématiques se mit donc au service d'un art non mimétique, non objectif. Mais voici qu'aujourd'hui se déploie une sorte de *Pythagorisme figuratif* qui produit l'intelligibilité parfaite des phénomènes les plus aléatoires, des sensations les plus indéfinissables.

* Michel Leiris

La création humaine manifeste une puissance démiurgique. Alors que le monde de la création "divine" est soumis aux lois de la physique et à la mortalité, l'homme crée ici sans contrainte une visibilité libre et non soumise à la caducité. Dans l'invention et la répétition, dans les variations et les métamorphoses, aucune durée n'est plus irrémédiable. Ici on stocke l'éphémère. Les nouvelles images ont autant de liberté que nos rêves. Sont-elles faites pour autant "du même tissu" ? L'intime conjonction du fantasme et du calcul est-elle du côté d'une magie hallucinatoire ou du côté d'une équivalence intellectuelle entre le nombre et le pensable ?

De quelle nature est alors le plaisir qui peut se prendre devant la perfection de telles images ? La jouissance du regard est-elle absolue ou au contraire perdue par l'effet de ces procédures idéales ? Le plaisir démiurgique du producteur de ces images peut provenir du vertige de la toute puissance iconique. Pouvoir montrer tout ce que l'on imagine, tout ce que l'on désire, pouvoir le transformer à son gré sans rencontrer tous les obstacles de la maladresse graphique, de la résistance des matériaux, des lois de la nature... La toute puissance du désir se trouve satisfaite dans la manipulation savante d'un dispositif technologique. Cela suppose bien sûr toute la maîtrise d'un savoir électronique et mathématique. Ce savoir est par définition à son tour soumis aux conditions techniques et aux limites de ces dispositifs. Mais l'invention en est récente, les progrès en sont ininterrompus, par conséquent l'iconographie numérique se trouve devant un champ colossal d'explorations de plus en plus sophistiquées. Mais s'agit-il d'une exploration scientifique ou d'une aventure créatrice ? La jouissance dans la création naît-elle d'une satisfaction imaginaire de tous les désirs ou d'un effet de surprise, de déroute, de vertige et de *manque* ? Autrement dit la jouissance se prend-t-elle au seuil du connaissable dans la maîtrise absolue d'un domaine préalablement défini ou bien dans la transgression incontrôlable de ces limites ?

Ce qui trouble dans ces images c'est leur univocité, leur virtuosité combinatoire sans défaillance et *sans ombre*. Sans l'ombre du doute et donc sans l'ombre de la mort. Elles sont le trophée d'une technologie triomphante qui tire ses plus grands plaisirs de la

simulation du monde réel, donc de la simulation de ce qui nous résiste et nous ◀ 20 tourmente et qui maintenant semble ne plus nous résister. L'ignorance technologique du spectateur devient pour lui un facteur d'émerveillement surtout face aux effets les plus réalistes de la simulation. Simuler l'aléatoire de la fumée, le mystère d'une fourrure rampante, l'opalescence d'une matière noble, voilà ce qui confère son irréalité à l'opacité de ce qui nous est le plus familier et que nous n'avons jamais compris. L'image recèle un langage invisible et nous prenons devant les plus subtiles productions de la science un plaisir totalement enfantin. Nous redevenons des petits enfants enchantés devant le spectacle d'un monde sans ombre. "Nombre, l'ombre niée". Nous oublions qu'il n'y a création que dans la seule ombre des signes. Ici, ils adhèrent au sens. Vais-je encore jouir de l'illusion de ne plus manquer du sens ? Stratégie superbe de nos nouvelles récréations. La question de la création reste toujours posée, dans l'ombre sans doute...

N'est-ce pas aussi parce que nous pouvons intégralement rendre compte de la cause de l'image que quelque chose nous fascine au coeur même de ce qui manque à la jouissance de ses effets ? Autrement dit la parfaite maîtrise de la cause semble priver l'image de l'énigme qui la fonde à savoir celle de l'originarité du regard. L'image de synthèse saura-t-elle maintenir dans ses effets la question de l'origine en tant qu'elle est distincte de celle de la cause ?

Le chiffre de l'ombre. 1943,1944. L'Europe est dans une incommensurable douleur. Maya Deren explore l'ombre lumineuse d'un cauchemar avec son propre corps, avec sa caméra. Tous les objets réels quittent leur lieu naturel, le nid protecteur et la demeure nourrissière de la parole quotidienne. Le jour devient nocturne, le pied devient visage, le visage miroir, l'escalier se libère des pas. Tout ce qui appartient au "dedans" surgit dehors, caverne devenue convexe dans un espace qui tour à tour engloutit et expulse. Le désarroi et la fascination nous envahissent et nous encerclent comme si dans les ténèbres de la projection nous appartenions à l'ensorcellement de ce rêve, comme si nous étions nous-mêmes rêvés par elle, acteurs engloutis et expulsés à ◀ 21 l'image du travail de la caméra. L'exploration de l'ombre de l'angoisse jusqu'à la mort et la stratégie onirique hors de tout calcul est travaillée non par le nombre mais par *le chiffre*. L'image reste indéchiffrable; Maya Deren rampe mystérieusement sur une table longue autour de laquelle sont assis des hommes et des femmes imperturbables. Ne la voient-ils pas ? La voyons-nous ? Que voyons-nous ? La reptation d'une femme invisible qui se laisse voir par des gens qui ne la regardent pas... Voilà la métaphore d'une énigme serpentine qui n'a rien à voir avec la simulation reptilienne d'une équation en queue de renard. Point d'enchantement ni de prestidigitation. C'est l'ensorcellement des noirs, des gris et des blancs, la magie des reflets, des ellipses. Le regard est saisi dans un rythme de syncopes et d'enchaînements scripturaires et pourtant non écrits, qui renvoient au silence et aux blancs qui font l'architecture des poèmes. Ces images ne cherchent pas l'ébranlement coenesthésique et la stimulation de tous les sens. Elles sont respirées et atteignent à son tour notre respiration. L'asphyxiante saturation d'une icône numérique peut-elle rivaliser avec cette apnée onirique qui se dénoue dans la pulvérisation du reflet et dans la mort ? Image d'une origine qui nous fait croire qu'elle ne doit plus rien à ses causes.

Maintenant je me tourne vers une autre femme, Sophia Phoka - encore l'ombre et la métamorphose aérienne puis aquatique - ***Beauty in the Most Profound Distorsion*** (*La Beauté dans sa plus profonde distorsion*). Comme Maya Deren le corps se dédouble entre la caméra et l'ombre filmée en blanc, noir et gris. Une absence totale de narrativité. Le corps saisi dans la bidimensionnalité de son ombre tourne comme une toupie ou comme une girouette, ou encore comme une rose des vents. Ombre affolée d'un cadran solaire ? Peu à peu tout axe s'efface et le démembrement aquatique transforme ce corps en vague, en torsade, en pur reflet. L'ombre devient lumière et le corps perd sa forme. Rythme corpusculaire et ondulatoire, la perception des images s'articule selon une longue pulsation qui lentement rend au corps sa forme et son ombre, sa ténébreuse anatomie. Après la dissolution dans la lumière c'est la résurrection nocturne d'un corps impalpable et sans autre matière que le support imaginal. Je songe à nouveau aux apparitions stupéfiantes de la fumée dans les échantillons numériques, pourquoi ne s'agit-il pas de la même émotion ? Est-ce parce que la fumée est trop parfaitement fumée et donc plus rien d'autre, fumée idéale, concept de toute fumée, et qu'elle n'a plus la singularité respiratoire de ce nuage qui sortait des lèvres d'Humphrey Bogart, je pense à cette synthèse de vagues marines dont chaque oscillation, chaque reflet est irréprochable et indéfiniment répétable, alors que l'ombre ondoyante et tordue de Sophia Phoka est une image éphémère de sa lumière et de sa mort. Toutes ces "réalités" filmées, fût-ce avec les plus subtils artifices, ont quelque chose à voir avec la parole et la douleur, avec le silence et le désir. Alors est-ce que les images de synthèse ne sont pas *trop réelles*, infiniment réelles, c'est à dire, pour un temps encore, fondamentalement non symboliques dans leur remarquable facticité. Elles ont un sens. Elles sont présence de l'image et non absence imaginale de tout sens. Elles sont images véritables et rien d'autre que ce qu'elles sont. Une image qui ne manque pas son objet est-elle encore une image ?

Le nombre dort. Et si à l'ombre narrative se substituait une sorte d'organisation onirique du nombre ? Autrement dit, on pourrait imaginer un travail numérique sur l'image qui voudrait abandonner toute virtuosité simulatrice pour retrouver la magie du rythme et de la métamorphose. Ida Gerosa commence par donner un titre : *La Giornata* (la journée). L'image, non narrative, est sous-tendue par une intention temporelle, l'idée d'une durée physique et biologique alors de l'aube à la nuit sans analogie figurative. Seules les formes, les couleurs, et leurs métamorphoses agissent pour donner le spectacle d'une révolution de la terre. Temps imaginaire donc qui hausse déjà le projet au niveau symbolique. Le travail de Gerosa tente de conjurer simultanément les artifices de la simulation et surtout la désolante perpétuité de la temporalité numérique. En effet cette fumée de synthèse comme ces reflets analytiques peuvent être maintenus à l'infini. Autrement dit, ce qui est le plus artificiel dans la simulation synthétique, ce n'est pas tant l'espace que le temps. Un temps qui ne partage plus rien avec celui du corps, avec celui du monde, avec celui de la nature. Comment va opérer une oeuvre numérique intitulée la journée ? Elle prend un double appui : l'un sur la discontinuité des combinaisons visibles et chromatiques qui pour le spectateur simule l'improvisation accidentelle, la trouvaille, la surprise. L'autre, plus essentiel, c'est l'appui sonore qui l'accompagne. Cet accompagnement scande le visible comme une oeuvre musicale douée de cadence, de timbres, d'intensité qui fonde une analogie perceptive entre le visible et l'audible. Un effet d' "oeuvre", avec son début et sa fin, semble vouloir débarrasser l'iconographie numérique de sa fixité répétitive à l'infini. L'alternance des silences et des sons communique au visible ses défaillances, ses incertitudes, sa fragilité. La bande sonore ne semble pas répondre aux mêmes composantes mathématiques que l'image. Cette dissociation relative de l'image et du son produit peut-être un effet poétique particulier redonne aux combinaisons visibles une sorte de surprenante magie. Que penser alors des films numériques qui recherchent une adéquation de plus en plus parfaite entre l'image et le son, comme dans ce film d'Adriano Abbado qui travaille sur des équivalences poussées entre le rythme, le timbre, la tonalité et l'apparition de formes géométriques en continuelles transformations. Une sorte de rêve pythagoricien pour l'image qui trouve sa légitimité et son harmonie dans

22 ▶

un modèle sonore strictement programmé. Dans le premier cas l'ombre et le nombre échangent encore rigueur et turbulence, dans le second il s'agit d'un exercice fort réussi d'exploration systématique qui est dominé par un modèle. Non pas un modèle objectif comme dans les simulations, mais un modèle idéologique fort lourd puisqu'il n'est autre que le simulacre audiovisuel de l'équivalence du beau et du vrai. Les images de synthèse peuvent à l'envi devenir les organes d'un nouveau platonisme dont on sait à quel point il est porteur de méfiance et d'hostilité à l'égard d'images non mathématiques.

Au fond, qu'attendons-nous d'une image créée sinon qu'elle porte à la communication, par sa richesse et son style, la magie énigmatique de quelque chose d'à la fois *visible et d'absent*, de visible *parce qu'*absent. L'image est là à la place d'autre chose dont elle simule la présence fictive et son fonctionnement imaginal dépend de sa capacité à nous combler par une absence, à nous remplir de vide, à nous vider de toute plénitude contenue. Or les images de synthèse dans la plupart des cas sont de *vraies*

images et c'est en ce sens qu'elles manquent le plus souvent de puissance imaginaire. L'image par nature doit faire croire quelque chose. D'une certaine façon il est nécessaire, pour que l'image existe, qu'elle renonce à toute vérité, qu'elle soit non pas un faux, mais un ni vrai ni faux, non pas un lieu de savoir mais un lieu de désir et d'attente pour le regard qui joue non pas avec le vrai et le faux mais avec la présence et l'absence imaginaires; en un mot il faut qu'elle soit symbolique non pas par un effet de sens ou de science mais par l'assomption de ce qui en manque et qui reste à inventer. Voici deux mille ans que l'image s'est déclarée du côté de la foi. C'est bien pour cela qu'en détruisant l'image on atteignait la croyance elle-même. De quelle nature est le "croire" dans la nouvelle anthropologie que suppose l'image de synthèse ?

D'où il résulte qu'il reste encore un long chemin à parcourir au milieu des images de synthèse pour que le vertige de toute puissance, l'illusion scientiste de l'exactitude et du vrai, l'enchantement technologique laissent advenir les nouvelles formes de la magie, de l'énigme et du doute dans le champ des explorations numériques. Faute de quoi nous ne ferons rien de plus que de célébrer les noces exsangues du néoplatonisme et de l'art cinétique dans le cadre d'une sophistication technologique. Encore bien trop idéale et bien trop réelle, cette production doit trouver la place des séismes du plaisir ou de l'angoisse qui n'ont pas cessé, grâce à l'image, de fendre et de disloquer le sol de la pensée.

Alors se vérifierait pour les temps à venir la formule de Jean-Luc Godard : "un bout de pellicule ou de film magnétique ou une onde hertzienne c'est un morceau d'être humain sous une autre forme". Le morceau d'être humain est sans doute à comprendre comme on dit un morceau de musique. L'image de synthèse est une partition de nous-mêmes jouée par l'ordinateur, proposée par le programmateur, qui plus que toute autre image nous met en présence de la nudité de notre croyance, puisqu'elle opère magiquement en l'absence de tout objet. Comment ne pas songer à une opération digne de la théologie suscitant d'ores et déjà ses idolâtries et ses iconoclasmes ?

LA FRAGILITE

Vu. Il y a, dans tout ce que vous m'avez montré, des choses très différentes par leur projet, les types de fictions mis en oeuvre, les configurations d'images, le travail sur la matière de l'image; tout cela correspond évidemment à des pratiques théoriquement libres, ou prospectives sur une définition très large du cinéma, que ne tient plus le scénario, la narration et qui consiste, d'une certaine façon, en séries exploratoires sur les virtualités narratives (peu ou pas exploitées par un cinéma plus traditionnel), sur les techniques de liaisons (montage, fondus : sur des embrayeurs narratifs plus que sur des séquences), enfin des fictions qui prennent tantôt pour objet et tantôt pour moyen la matière même de l'image, autrement dit ses différents niveaux de "définition", au sens rhétorique esthétique ou technique de ce terme.

Les deux oeuvres d'exploration dans la fiction qui m'ont retenu sont celle de David Wharry et celle de David Larcher.

Le cinéma. Ce que je sais du cinéma ne rencontre que par accident un savoir technique ou cinéphilique sur son histoire. C'est que, sans doute comme quiconque, j'ai du cinéma une expérience profonde, superficielle, tout à faite diagonale : celle de ma mémoire. La mémoire du vécu qui mêle ses objets comme des corps fluides, plastiques, déformables est pour le moins parasitée, habitée par des images et des corps étrangers qui ont régné sur une partie de notre enfance (comme si les films que nous avons vus alors s'étaient en partie projetés sur une matière sensible dont nous nous sommes composés); ces films ont laissé en nous le souvenir, le passage ou l'empreinte de personnages - intimes, indiscrets, étranges - dont la fréquentation assez proche, pour ce que j'imagine, de ce qu'a pu être la familiarité avec des dieux antiques, a laissé en nous la hantise ou le chaos d'un autre monde fait de matières, de figures, d'arrangements romanesques excédant, en quelque sorte, le pouvoir de combinaisons réelles d'images et de situations dont notre vie serait capable. Un monde de non-sens et de signification dont tout le pouvoir s'est exercé comme une force de sidération sur notre mémoire. Ce montage tout personnel où s'exprime la vérité de notre mémoire parasitée ou infestée de ces lieux, de ces images et de ces dieux mécaniques ressemble beaucoup à ce que fait aujourd'hui un cinéma expérimental qui travaille la structure du récit ou celle de

l'image. J'y "reconnais" donc quelque chose qui n'est pas de l'ordre de la virtuosité, de l'invention poétique aidée de prouesses techniques mais de la difficulté d'une expression plus intégrale du vécu pour autant que nous croyons que sa mémoire se représente ou s'exprime en des images. Tout cela me convainc beaucoup mieux qu'un discours sur les conquêtes formelles de l'avant-garde. Je crois que l'invention formelle procédant d'une nécessité d'expression est en tout cas le garant d'un avenir esthétique possible. C'est pour cela aussi que la dispersion de langages et d'esthétiques de la modernité est moins une conquête qu'une obligation : la simple sauvegarde de la sensibilité du "génie" de chacun à un moment où les formes d'expression esthétique doivent se régler sur des schémas de communication (pour survivre à une espèce de fatalité ou de masochisme industriel), oblige les créateurs à être des inventeurs de langues. Ce qui pose aussi, à l'inverse, le très grand problème d'une peur de la communication et la crainte d'un appauvrissement de subjectivité dans les oeuvres destinées à un large public. Ce qui fait un auteur n'est pas seulement une capacité d'invention poétique, c'est aussi un choix d'impudeur.

◀ 23

La plasticité de la matière narrative. Les propositions narratives de David Wharry dans *General Picture* me touchent énormément parce qu'elles rencontrent de façon très aiguë la difficulté de quelqu'un qui entreprend un récit (global, ample, qui situe son auteur comme point de gravité de l'oeuvre) au moment même où il doute que la forme romanesque convienne à ce récit. La nécessité d'invention de Wharry tient au discrédit de la structure romanesque héritée et d'abord construite pour le récit d'intrigues ou d'aventures; l'autre forme du récit intime est celle des mémoires ou du journal : le cinéma public n'aurait peut-être réellement travaillé que la première. L'impression très vive, étrange, immédiate que j'ai en regardant les films de Wharry c'est qu'on n'a plus les lignes du récit mais ses angles, ses coudes, ses changements de direction, toute une structure nerveuse, émotive. Les figures ou personnages n'y sont pas des rémanences imaginaires de romans, ce sont des indicateurs, des éléments qui interviennent pour changer le plan, la lumière, la matière de l'image, sa surface ou sa peau. Comme des transformateurs ou des variateurs du flux narratif. Comme si les

24 ▶ récits de Wharry étaient déjà des montages mnésiques de leurs images (on sait que les images sélectionnées par la mémoire le sont "mystérieusement" ou selon une logique qui n'est justement pas celle de la structure du récit). C'est tout cela qui fait que le propos, le désir romanesque de David Wharry m'apparaît intégralement moderne (la modernité n'est pas une "valeur", c'est ce qui est contemporain de ma sensibilité); ses moyens techniques sont l'équivalent du porte-plume et du crayon, son audace est d'ordre subjectif : on y trouve, donnés à leur lisibilité, une inquiétude sur l'objet de l'expression, sur le fond de l'expression, sur le moi, sur les autres, un très beau travail sur la durée d'inscription de la figure. Tout cela me semble très proche d'une oeuvre d'écrivain; les questions que David Wharry pose à la narration débordent assez largement ce que "pense" le cinéma sur la fiction. Ce sont des questions adressées à la plasticité de la matière narrative qui peut être la mémoire, la forme de l'autre, la lumière, quelque chose qui s'apparente à l'expérience intérieure, au moment même où elle se révèle dans le travail poétique. La fermeté esthétique procède aussi, ce qui n'est pas très courant, d'une réelle authenticité.

La sidération du clair-obscur. La matière dans laquelle travaille Wharry se prête difficilement au bluff formel. Il ne joue pas avec la richesse du monde en faisant ses images (ses images sont les éléments d'une narration (- ou fiction - complexe mais très rigoureuse); il n'utilise pas la diaprure, le scintillement, les possibilités d'exploration de la surface de l'image. La richesse est ici le clair-obscur qui nous situe, qui nous approche, nous met à distance, nous sidère. Le sens, ça peut toujours venir après; le sens n'est pas la métaphysique de l'image, c'est ce qui arrive et qui nous ressemblera; ce à quoi on peut aussi probablement ressembler. Il faudrait parler de ce très beau travail de montage qui fait permuter et s'entrechoquer les éléments de la fiction (il faudrait pour cela disposer d'images, écrire les enchaînements d'images ...). Mais, par exemple, la séquence de la femme-projectionniste est aussi bien celle d'un personnage en train de filmer le spectateur ou éveille l'idée qu'il est une plaque ou une matière sensible impressionnée de deux côtés par la projection des images; ce plan-séquence monté 25 ▶ plusieurs fois dans le film nettoie en effet le code narratif et permet des accélérations

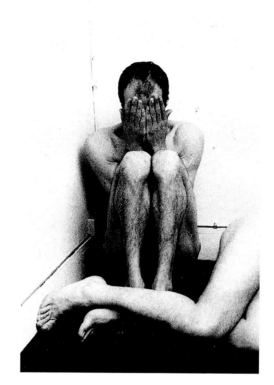

formelles de la fiction et me donne, tandis que je regarde, l'idée que le film est un déroulement subliminal au milieu des images que j'arrive à voir. C'est en tout cas très beau, drôle, intelligent, ému. La séquence de l'homme-costume est aussi drôle, émouvante et inquiétante que celle du *Navigator* où la physionomie impassible de Buster Keaton "met en scène" les chapeaux qui se succèdent sur sa tête. La force du film est aussi, dans son art, quelque chose comme la violence poétique de l'enfance (le sentiment que nous avons de voir pour la première fois un visage, un meuble, un corps endormi, un mouvement)...

La vie du grain. En voyant le film de David Larcher *EETC* j'ai été frappé (ou satisfait) par la perfection de la composition (l'écran déroulé dans un paysage, enroulé à la fin du film et qui le met, littéralement, en abîme dans la nature), par tout le jeu d'entrée et de sortie du film, par le fait que les actes formels (plus que les actions) se succèdent ou s'enchaînent par des effets de saturation. Ce qui est très intéressant est la vie du détail, du grain de matière qui n'est jamais dernier, ouvre des enchaînements d'abîmes ou parvient inversement à engendrer de grandes formes, à donner naissance à des corps. Cette "manipulation" donnera même naissance à un enfant dans le film, ou la reproduira. Ce qui m'a frappé est l'imagination et la mise en action d'atomes d'images et d'atomes de récits, selon des mouvements d'attraction et de répulsion, parvenant à la fois à lier des formes narratives (logiques, si l'on veut) et des formes physiques (des corps). L'idée que les petits mouvements décrivent les grands mouvements de l'univers. C'est un tout autre cas de perturbation, de réflexion sur le mouvement du récit que celui de Wharry; une sorte de projet intégral de tout écrire, le grand comme le petit et pour moi, actuellement, très proche d'Edgar Allan Poe; je pense à *Eurêka* où la pensée de la matière est un agencement poétique de ses éléments qui sont tout à la fois atomes, étoiles particules spirituelles, éléments romanesques : où l'on est seulement assuré que toute l'échelle de variation de ces éléments est le partage d'un pouvoir de description métaphorique.

La palette de métamorphoses. Ce film est une formidable palette à métamorphoses qui vont des corps à la définition de la matière et au rêve de la matière même. Comment dire cela ? Il y a des moments ou des niveaux de sensibilité mobilisés par ce film, une sorte d'état du désir plastique parce que ce qui défile dans le film retrouve un moment de vérité intime du rêve; et qui n'a pas à faire avec des histoires ni avec des personnages mais avec la matière onirique : elle n'est pas quelque chose, elle n'est pas quelqu'un mais simplement un rythme, une sorte de bombardement ou de pompage lumineux. Un élément biographique dans sa couleur, dans sa lumière qui donne l'idée d'une lumière intime. C'est pour moi la suggestion la plus forte du film, ce côté "filmé de l'intérieur" et qui correspond parfois heureusement à ce que nous cherchons sans le connaître dans ces chasses nocturnes que sont les rêves. Plus que de petites scènes ou des séquences de rébus ce que nous travaillons, de nuit (si j'ose dire), est quelque chose de cette même malléabilité, destructibilité ou totale plasticité de l'image à notre mouvement, à notre désir, à toute notre intention. De cette façon-là je trouve dans ce film une vérité étonnante par l'*ordre chaotique* dont il ordonne ou agence son récit. Le film bat sur une alternance de systole et diastole, pulvérise l'image, la recondense, la fait couler, l'abandonne à des états d'hémorragie, la colore violemment de façon à liquéfier, en quelque sorte, les points de vue, à perdre tout le système de référence. Or ces événements formels sont, autre chose qu'un jeu de l'image, des changements d'univers. La fiction n'est pas seulement ce qui progresse en intégrant des événements, elle est le pouvoir de nous faire basculer entre plusieurs mondes. C'est sans doute aussi le propos de Larcher : un film de terreur, simplement parce qu'on y est réellement moins fort que la lumière, moins grand, si l'on peut dire, et pris, pour une part de nous-mêmes la plus sensible, dans sa définition, son jeu et son caprice. Encore une fois, ce n'est pas la virtuosité de Larcher qui m'intéresse mais *le principe de chaos* qui devient récit et dans lequel les éléments de taille, de grain, de capacité suggestive très différents fraient un chemin. Quelque chose est raconté dans ce qui est montré et cela est (du moins idéalement) notre principe de porosité ; nous changeons en effet de monde : ce que nous voyons est plus grand que nous, plus petit que nous, en nous, hors de nous; nous vivons plutôt alternativement dans des dimensions différentes du monde. Le récit ? L'étrangeté ? Ce ne sont pas seulement les choses qui se succèdent sur l'écran, les séquences d'incompossibles physiques. C'est aussi nous-mêmes facteurs d'histoires, rêveurs de détails, inventeurs de choses sans corps. C'est nous-mêmes dans le travail perpétuel de l'informe : attachés au grand mystère de ce qu'est une forme du moi.

La technique, la poétique, le désordre. Je ne me suis jamais intéressé aux images en tant que telles (ni à leur genèse ni à leur structure), je suis entièrement sensible à leur pouvoir de séduction auquel je tente de répondre comme je le peux. Parce qu'elles me détournent, profitablement, de quelque chose que je cherche, m'entraînent dans des labyrinthes où réside, sans doute, quelque chose du temps, de la mémoire, de l'histoire. Les propositions techniques sur l'image ne m'intéressent pas beaucoup; dans les images de synthèse en 3D, je reconnais la réalisation d'un idéal d'un moment de la Renaissance : l'incorporation de l'homme dans la géométrie. Cela n'a pour moi, qui n'ai pas une tête d'ingénieur, aucun pouvoir de séduction. Je suis, en revanche, intéressé par les jeux techniques de Larcher à cause de leur côté très désordonné, très fouillis. J'aime beaucoup ça. Larcher prend ce qu'il a sous la main, invente quelque chose, essaie un truc, mélange tout. Il y a des choses pour l'oeil, des choses pour la mémoire. Et ce côté désordre, fouillis dont je suis incapable, me plaît beaucoup. Pour le reste, je n'ai pas besoin de croire que la technologie existe parce que je n'en ai pas besoin pour travailler !

La fragilité. D'un mot, je reste sensible à quelque chose de très simple : c'est que la possibilité créatrice, inventive, dépend de la faillibilité du vivant et que la force, le pouvoir créateur sont une espèce de proportion dans la fragilité de l'homme.

Nous sommes des instruments vivants construits dans notre travail, notre pensée, notre vie. Nous nous sommes mis au monde dans ce labyrinthe où nous avons commencé à parler, à penser, à écrire ou à faire des images, à faire vivre ou à creuser des univers sonores. Il y faut du temps; je sais que ce temps représente aussi notre destruction possible, future, en cours. Peu importe : je préfère remettre l'avenir à la fragilité de l'homme.

DICTIONNAIRE *

ABBADO Adriano
Italie

Né à Milan en 1958. Etudes de musique électronique au Conservatoire de Milan (1975-78). En 1981 il commence à travailler le graphisme assisté par ordinateur pour la publicité. Il compose aussi des oeuvres audiovisuelles *Voyager* (1984) et *Orbital City* (1985) qui ont été vues dans de nombreuses expositions, y compris au Festival Video-Art de Locarno (1985) et à la Biennale de Venise (1986) où furent présentées : Isomorfismi Suono Luce et Ritratto (production Commodore Italiana S.p.a.)
Il est co-auteur du livre IMAGINI CON IL COMPUTER (Arnoldo Mondadori Editore, 1985), a enseigné le graphisme assisté par ordinateur à l'Institut Européen de Design de Milan (1983-86) et la musique électronique au Conservatoire de Turin (1986).
Actuellement, il vit à Paris où il travaille l'animation et la musique sur ordinateur.

◄ 26

"Mes recherches dans le domaine des compositions audiovisuelles comprennent aujourd'hui des installations et des performances en temps réel. Le but est de créer des oeuvres audiovisuelles par l'utilisation d'un langage informatique spécifique qui demande l'utilisation des techniques d'intelligence artificielle." A.A

Dynamics
1988, vidéo-ordinateur, Umatic-Pal, couleur, sonore, 3'30''
Conception, réalisation, images, montage, son, musique : Adriano Abbado. Travail sur logiciel (software) par Adriano Abbado, Ircam, Bog Sabiston, Karl Sims, Barry Vercoe. Matériel (hardware) : Apple, DEC, H-P, Symbolics, Yamaha. Production : Mit Media Laboratory.

"*Dynamics* est conçu comme une pièce dans laquelle les objets sonores correspondent aux objets visuels, ce qui est le contraire des oeuvres audiovisuelles plus traditionnelles où l'on trouve une association entre la musique et les images.
En fait, l'une des facettes les plus intéressantes de la musique par ordinateur consiste en la possibilité de créer des timbres musicaux qui sont complètement nouveaux. Par conséquent, dans la musique contemporaine l'accent n'est pas seulement mis sur la composition mais aussi sur la création de sons nouveaux. Chaque son devient ainsi une entité autonome, un objet sonore.

Pour *Dynamics* j'ai créé d'abord les sons synthétiques et puis j'ai modelé les objets visuels sur les sons. Par la suite j'ai utilisé les objets visuels afin d'organiser la composition, créant l'animation. Etant donné que les objets sonores correspondaient aux objets visuels la musique s'est générée par l'animation." A. A.

ADAMCZYK John
U.S.A.

"A été l'élève de Vibeke Sorensen et de Jules Engel au California Institute of the Arts. Dans son oeuvre *Recurrents* (1988), il réussit à tirer magnifiquement parti du désavantage potentiel du temps informatique très limité en permettant, par l'agencement soigneusement étudié des couleurs, de donner l'illusion du mouvement à des motifs à l'origine statiques qui semblent vivre d'une énergie organique." William Moritz

Recurrents
1988, 16 mm, 5'.

ALMY Max
U.S.A.

Max Almy vit actuellement à Oakland en Californie où elle est directrice du département production de One Pass Video. En 1978 elle a obtenu une maîtrise de l'Ecole des Beaux-Arts de Californie. Ses oeuvres ont été transmises sur WTTW/Chicago, WGBH/Boston et KQED/San Francisco et exposées au MOMA à New York et au Centre Américain à Paris.

(vidéos) : *Modern Times - Deadline - Perfect Leader - Leaving the 20th Century*.
"La vidéo m'a toujours fait penser à un collage. Je travaille la vidéo comme moyen expérimental depuis le début des années 70 et au fil des années mon oeuvre est devenue de plus en plus complexe dans ses strates visuelles. En même temps, les couches de textes et de sens ne sont plus des commentaires personnels mais sociaux et ironiques.

Dans les années 70, je me suis servie de la vidéo de manière minimaliste, généralement en tant qu'élément à l'intérieur d'une installation complexe ou d'une performance. Mais avec l'évolution de la technologie, je me suis intéressée à l'utilisation de ces nouvelles techniques pour créer de la complexité à l'intérieur du

---

cadre, en y intégrant des images et en les composant de manières inhabituelles." M.A.

Leaving the Twentieth Century
1983, Umatic NTSC, couleur, sonore, 10'40".

"Dans *Leaving the 20th Century* (1981) j'ai créé, par la vidéo et l'ordinateur, un monde futuriste, pour un récit expérimental, qui posait un regard sur la vie à la fin du vingtième siècle. Un homme et une femme y traversent des paysages créés entièrement par des procédés vidéo. J'explorais des techniques de narration peu conventionnelles et devais créer des stratagèmes visuels pour les soutenir. Avec l'utilisation des montages de point et des collages vidéo, je me suis rendu compte que mon imagination avait une liberté complète pour contrôler chaque élément de l'oeuvre. Ce contrôle imaginatif et créatif ultime fait de la vidéo une palette très expressive pour l'artiste." M.A.

Perfect Leader
1983, Umatic NTSC, couleur, sonore, 4'11".

"Une pièce courte et satirique sur la fabrication et le marketing d'un candidat politique dont un ordinateur tout-puissant fait un parfait chef d'état. L'oeuvre est structurée pour ressembler à l'interactivité avec un logiciel d'ordinateur. Les effets visuels ont pour but de démontrer le développement du candidat par des moyens très graphiques. Le personnage est constamment entouré d'un collage d'informations visuelles et d'images qui suggèrent ce que sont les meilleurs ingrédients pour un candidat à succès. Les nombreux éléments de collage transmettent une quantité importante d'informations en plus de la performance et du texte." M.A.

BARILLI Francesca
Italie

Née en 1961, lauréate de l'Ecole Polytechnique de Milan (architecture). Après une expérience dans le champ du design, elle s'est intéressée à la projection de formes architecturales en synthèse 3 D.
En 1985, elle s'initie au graphisme par ordinateur dans le studio de Mario Canali (où elle travaille actuellement) et en 1987, s'associe au groupe Correnti Magnetiche qui crée des compositions audiovisuelles à partir de systèmes numériques et propose des vidéos et des installations. Elle conçoit et réalise à cette époque *Radiosveglia*.

Rosa dei Venti
1989, BVU Pal, couleur, 2'.

"*La Rotonde* de Palladio occupe le sommet d'une colline. Conçu pour offrir une vue ample de l'espace environnant, le plan palladin part d'un cercle et se développe selon les quatre directions de l'espace visuel.
De profondes affinités lient l'architecture de Palladio à la peinture de Véronèse. Ils partagent, dans l'usage de la lumière et des couleurs, un nouveau sentiment d'accord avec la nature comme environnement, paysage, comme lieu idéal de vie. Ils conçoivent l'espace figuratif comme espace concret de l'existence.
Arachné (la figure allégorique d'une fresque de Véronèse représentant la Dialectique) nous accompagne, anticipant et dévoilant, à travers une danse, la structure de la **Rotonde** dans ses lignes essentielles." F.B.

BATSRY Irit
U.S.A.

Née en Israël, études de Beaux-Arts et de vidéo à Jérusalem. Depuis 1984, Irit Batsry vit et travaille à New-York. Bandes vidéo et installations présentées aux : M.O.M.A., New-York., The Kitchen, Festival de Film de Berlin, London Film Festival... Artiste en résidence : The Experimental TV Center, Owego - Video Synthesis Studio Film/Video Arts, New-York.

(vidéos) : *The Double Murder* (1983) - *How Real Is Your Screen* (1983), *The Roman Wars* (1983) - *Invitation for an Opening* (1983) - *Fine Mechanics* (1983) - *Storie from the Old Ruin* (1986) - *White* (1986) - *Animal (Loco)motion and (Dis)placements* (1988) - *Leaving the Old Ruin* (1989).

"Durant ces cinq dernières années, j'ai travaillé sur *Passage to Utopia*, une trilogie sur vidéo (*Stories from the Old Ruin, Leaving the Old Ruin, Utopian Studies : The Ideal Man*, en cours), et sur *Animal (Loco)motion and (Dis)placements* une oeuvre modulaire.
Dans ces oeuvres j'essaie de créer un parallèle entre une recherche formelle extensive (construction d'un langage visuel personnel = création d'un monde) et des intérêts thématiques (la mémoire individuelle/collective et la création utopique, la perception, le langage et le vivant.

Le traitement des images est analogique et numérique (Macintosh Digitizer). I.B.

Stories from the Old Ruin

1986, Umatic NTSC, couleur, sonore, 15'.
Conception, image, montage, son : Irit Batsry. Avec la participation de : Martin Brehse, Irit Batsry. Textes d'après Pline le Jeune.

Animal (Loco)motion and (Dis)placements

1988, Umatic NTSC, couleur, sonore, 27'20''.
Conception, image, montage, textes, effets spéciaux, Production : Irit Batsry. Musique : Christine Backzewska.

" Il s'agit d'une bande-vidéo décrivant des "paysages" visuels et émotionnels à travers une investigation poétique des éléments formels.
Elle est composée de "phrases" visuelles accompagnées d'un texte-confession (vrai-faux) et d'une musique vocale improvisée par Christine Backzewska. Le montage est conçu pour créer des "chapitres" sur la perception, la création, l'action.
Mes intérêts formels, dans cette oeuvre, résident dans l'interaction entre le sémiotique, le visuel et les éléments sonores, combinés de façon modulaire selon les lois du hasard. Il en résulte une oeuvre qui se crée sans cesse." I.B.

BEAUVAIS Yann
France

Né à Paris en 1953. Fondateur de Light Cone, coopérative de distribution de films expérimentaux à Paris, pour lequel il travaille depuis 1982. Co-fondateur et programmateur des séances Scratch Projection (depuis 1983); à ce titre, a participé à des programmations internationales de films dont :
"Musique/Film" (la Cinémathèque Française, 1986), French Avant-garde Films (tournée aux U.S.A., Nouvelle Zélande et Grande-Bretagne, 1987), "Mot : Dites, Images"(1988, MNAM Beaubourg/Scratch), Zvuk I Film (Zagreb, 1989), French Avant-Garde Cinema (Millenium/New York, 1989).
A participé à la réalisation de "Scratch-Revue" (1982-1988) et publié de nombreux articles dans des revues de cinéma.

(films) : *R (1976)* - *Temps de mètre* (1980) - *Sans Titre 84* (1984) - *RR* (1976-85) - *VO/ID* (1985-86) - *Divers épars* (1987) - *Tas de beaux gosses* (1989) - *Spetsaï* (1989) -

Ligne d'eau (1989).

Sans Titre 84

1984, 16 mm, couleur, sans son, double écran.
Conception, réalisation, images, montage : Yann Beauvais.

"*Sans Titre 84* utilise des photos découpées en bandes verticales, horizontales et diagonales d'un objet hautement valorisé : l'Arc de Triomphe de Paris. Chaque photo n'a que peu d'intérêt, elle n'est que moment d'une série qui se dirige dans deux directions. La sérialisation des photos appelle le temps.
La série façonne un temps qui subvertit la photo. Chaque photo des 4 séries (une autour de l'Arc : 24 positions de prises de vues respectant l'inscription au sol d'une étoile à 24 branches, les 3 autres allant vers l'Arc de 3 avenues différentes) est banale, standardisée. Le mélange des vues (2 à 2) produit de nouveaux objets qui mettent en place des moments distincts dans la rotation autour de l'Arc. Ainsi des architectures sont-elles invoquées, convoquées dans leurs restitutions différentielles de l'objet initial. L'objet se perd dans son image deux fois doublée et se reconstitue démembré. A chaque fois que le "cher objet" s'approche au plus près de sa configuration perdue, l'autre réapparaît et heurte de son hétérogénéité la belle homogénéité refusée." Y.B.

BECKER Peter
R.F.A.

Né en 1958. Etudes à l'Académie des Beaux-Arts de Munich de 1979 à 1986. Membre du groupe Ex-Neue-Heimat depuis 1982 et de Farbenwerk (Production) depuis 1988. Participe à des manifestations de vidéo depuis 1982 à Berlin, Bonn, Düsseldorf, Kassel, Locarno, Munich, New-York, Paris, Séoul, Turin, Vienne, Zürich.

(vidéos) : *The Incredible Strange B-Pictures - Batman - Plastik-Indianer N∞15 - Tendenz Und Klima - Commando d'art révolutionnaire.*

Le Rêve de Baudelaire

1989, Umatic Pal, couleur, sonore, 9'.
Conception, réalisation : Peter Becker. Musique : Ralph Thurner. Voix : Claudine Villemot-Kienzle. Production : Mjco Zuber 8-Farbenwerk Production.

"*Le rêve de Baudelaire* est une lecture très personnelle

du poème de Charles Baudelaire Le rêve de Paris, qui utilise l'architecture de Paris, ses lieux de référence tant pour l'histoire de l'art que pour l'histoire du cinéma (l'*Hôtel du Nord,* par exemple), aussi bien que des scènes jouées, des objets de collection, et des "objets trouvés".

La bande-vidéo impose la relation prophétique des vers de Charles Baudelaire avec l'esthétique étrange des vidéoclips contemporains (postérieurs à la révolution électronique). C'est pourquoi la scène finale a pour cadre la Vidéothèque de Paris, "Capitale des Images".

Cette vidéo, réalisée en collaboration avec Mjco Zuber 8, constitue un élément d'une vidéo-sculpture conceptuelle." P.B.

Video-Spion

1987, Umatic Pal, couleur, sonore, 7'.
Conception, réalisation : Peter Becker, Andy Hinz.

"*Video-Spion* (L'espion-vidéo) est tiré de la vidéo *Plastik-Indianer n°15*, qui est le fruit d'une collaboration entre le groupement d'artistes Ex-Neue-Heimat (spécialisé dans des projets artistiques pluri-disciplinaires) et le réalisateur d'art-vidéo Andy Hinz.

La participation de Peter Becker consiste en une approche du cinéma américain de série B sous la forme d'une animation expérimentale et du montage de vastes peintures et de dessins du type bande-dessinée, inspirée du film noir et du cinéma de science-fiction. Tous les effets spéciaux ont été réalisés de façon traditionnelle, à la main, au moyen de peintures, de maquettes et de jouets d'enfants." P.B.

BELLOIR Dominique
France

Née en 1948 à Saint-Brieuc. Conjointement à ses études (elle est docteur en esthétique), elle participe aux premiers pas de l'art vidéo en France et réalise de nombreux vidéogrammes, organise des stages, des expositions,...

En 1981, les Cahiers du Cinéma lui confient la rédaction d'un numéro hors-série (Vidéo Art Explorations). Tout en continuant sa production, elle est chargée de cours à Paris VIII, écrit dans "Art Press", "Photo Magazine", "Autrement". Elle a été responsable de la section vidéo pour l'exposition ELECTRA (1983). Invitée à la Tate Gallery (1984). Participe à de nombreuses émissions de télévision. Présidente de l'association "Grand Canal Vidéo", Paris.

(vidéos) : *Fluides* (1974) - *Feed-back/Stroboscopie* (1975) - *Anamorphoses* (1976) - *Memory* (1979) - *Infra-rouge/performance* (1980) - *Captures/Ecran* (1982) - *L'Enfant de la haute mer* (1984) - *Portraits d'artistes* (I à VIII) (1984-85) - *Scénographie d'un paysage* (1985) - *Violons clips* (1986) - *Fragments 3X3* (1987) - *Private Paradise (*1988) - *l'Art des Jardins* (1988-89).

Scénographie d'un Paysage

1982-85, standard original BVU Pal copié en boucle pour l'installation, 5'. Réalisation de Dominique Belloir sur une musique originale de Jean-Yves Bosseur.

"Pendant 3 ans, j'ai enregistré à intervalles réguliers un fragment du paysage breton en respectant rigoureusement un même cadrage préalablement choisi et comportant les 3 éléments-clé sujets aux variations saisonnières et climatiques : le Ciel (et les nuages), la Mer (et les mouvements de marée), la Terre (et les variations de couleur de l'herbe). Ce qui donne après une série de fondu-enchaînés quasi-imperceptibles une télé-peinture en continuelle régénération selon les changements de couleur et surtout d'éclairage. La composition musicale de Jean-Yves Bosseur accentue encore cet effet de respiration tranquille, un peu comme sur une scène de théâtre (d'où le titre) où viendrait se focaliser tout un système de projecteurs, de rayons lumineux, de filtres, de nuages..." D.B.

BELSON Jordan
U.S.A.

"(...) Jordan Belson commença à faire des films en 1947 mais il a détruit ses oeuvres de jeunesse. Après s'être consacré à la peinture, il revint à la création cinématographique en 1952. De 1957 à 1959, il travailla avec Henry Jacobs sur les concerts Vortex au Morrison Planetarium de San Francisco. Il est vraisemblable que les techniques mises en oeuvre pour l'éclairage de ses concerts l'ont aidé à trouver une alternative à l'animation image par image, dans la production des images de ses films abstraits. (...) Par la suite, dans ses films, de plus en plus de séquences ont été réalisées par le travail de la caméra en temps réel (tournant en continu à la vitesse de projection standard de 24 images par seconde). Ces images sont produites à l'aide de différents systèmes de "light-box". (...)

Dans son travail le plus récent, il recourt également au traitement électronique de la vidéo couleur transferée en film. Fortement attiré par les compositions géométriques de petits points ou lignes, il s'orienta de plus en plus précisément vers des nuages de couleur amorphes, qui tourbillonnent, s'enchaînent et se modifient. Il évita les figures géométriques rigides telles que le triangle ou le carré, au profit d'une esthétique souvent construite autour d'une structure en cercle ou en spirale." Malcolm Le Grice, IN ABSTRACT FILM AND BEYOND.

(films) : *Mambo* (1952) - *Mandala* (1952-53) - *Flight* (1958) - *Raga* (1959) - *Illusions* (1962) - *Re-Entry* (1964) - *Phenomena* (1965) - *Samadhi* (1966-67) - *World* (1970) - *Cosmos* (1970).

Cosmos
1970, 16 mm, couleur, sonore, 6'.

Comme dans les autres films de Jordan Belson, il existe dans *Cosmos* plusieurs niveaux de lecture. Pour l'une, le film est un voyage cinétique au centre de la galaxie où le spectateur se voit entraîné par un tourbillon en spirale et attiré vers le noyau. Là, il pénètre directement à l'intérieur d'une conscience galactique, d'où il peut avoir la vision de toute la sphère cosmique. Au centre de cette sphère, se révèle une pure force créative. Poétique, abstrait, hypnotique, *Cosmos* utilise une imagerie façonnée à partir d'un mouvement continu, d'effets optiques et d'une bande-vidéo. André Vanden Broeck est l'auteur de la bande sonore synchronisée.

BJORGEENGEN Kjell
Norvège

Né en 1951. Photographe autodidacte. Etudes de sociologie, psychologie et philosophie à l'Université d'Oslo 1973-76. Etudes de vidéo aux Etats-Unis en 1982 au Portable Channel, Rochester, et au Experimental Inter-Media Foundation and Downtown Community Television à New York. Travaille la photo depuis 1969 et, de 1969 à 1974, sans appareil photographique directement sur du papier photo à partir des réactions des substances chimiques; depuis 1979 il utilise surtout des photogrammes.
Utilise la vidéo depuis 1981.

Night Round II (1984 sans caméra) - *Drift* (1984) - *New-York 10010* (1984) - *Video Distinctions* (1985) - *Video-work* (1987) - *Giant's Disco* (1987) - *Memory Tracking* (1987) - *Grab* (1988-89).

"Plusieurs de mes bandes traitent de la perception des rapports entre nous-mêmes et notre environnement. Une perception qui n'est pas donnée.
Je me sers des nouvelles technologies comme d'outils pour faire surgir de nouvelles sensibilités." K.B.

Grab
1989, Umatic Pal, couleur, sonore, 6'22".
Musique Joëlle Léandre.

"Vidéo traitée par ordinateur. La bande comporte du matériel vidéo qui est introduit dans un "frame grabber" qui de façon continue prend et se souvient de ce qui est déjà en mémoire. Le mélange de données anciennes et nouvelles donne lieu ainsi à une nouvelle construction. Les traitements numériques ont été faits au Experimental Television Center, Owego, New-York. K.B.

BOUHOURS Jean-Michel
France

Né en 1956 à Brou (Eure-et-Loire). Maîtrise de cinéma à l'Université de Paris VIII. Chargé du cinéma expérimental au Musée National d'Art Moderne à Beaubourg.

98 (1975) - *Rythmes 76* (1975-76) - *Chantilly* (co-réalisateur : Patrick Delabre, 1976) - *Chronoma* (1977) - *Intermittences non-régulées d'E-J Marey* (1977-78) - *Sécan-ciel* (1976-79) - *Chronographies* (1979-82) .

"Le travail de Jean-Michel Bouhours se situe au confluent de la photographie, de la peinture et du cinéma. Chaque matériau détermine et est déterminé par les autres. Photographie et peinture entrent en une relation de support et de masques; la photographie est travaillée en séquence comme au cinéma, le cinéma est rapporté à sa base photographique : le photogramme; la peinture est animée par le support film, le mouvement apparent est produit par les variations chromatiques.(...)
Cependant, le cinéma emporte photographie et peinture dans sa mouvance, leur donnant sa dynamique. Bien que le mouvement cinématographique, chez Jean-Michel Bouhours, soit celui de la variation et de la répétition, photographiques et picturales, c'est lui qui est analysé, "recomposé" - cette analyse utilisant les éléments fixes de la photographie et de la peinture. (...)

Le cinéma enregistre, produit des mouvements, des durées, mais ce chronographe est aussi un chromographe : l'instrument, d'analyse et de composition des mouvements, est la couleur. La chronophotographie se redouble d'une chronochromie. Le cinéma devient couleur qui passe, temps de la couleur." Prosper Hillairet

Sécan-Ciel
1979, 16 mm, couleur & N/B, sans son, 11'.

"Ce film est pour moi la première ébauche d'une nouvelle direction de travail : reconstitution du mouvement, par des séquences de photos (problèmes du pré-cinéma) produisant des mouvements non régulés, et travail de l'objet au niveau plastique, par la production de peintures d'après photographies qui, dans leur discontinuité au niveau des volumes, des valeurs et des couleurs, transcendent notre perception codée des espaces, des mouvements et de la réalité produite par les appareils de reproduction (cinéma et maintenant vidéo)." J-M.B.

BRAKHAGE Stan
U.S.A.

Né en 1933 à Kansas City, Stan Brakhage est un des créateurs majeurs du cinéma "underground" américain. Artiste prolifique (il compte actuellement plus de 200 films), son oeuvre est centrée sur la quête d'un "art de la vision" définissant une nouvelle appréhension de la subjectivité au cinéma.

Ses films, essentiellement réalisés "chez lui" dans les montagnes du Colorado, tels que *Anticipation of the Night* (1958) - *Dog Star Man* (1961-64) - *Window Water Baby Moving* (1959) - *The Art of Vision* (1961-65) - *Mothlight* (1963) - *Scenes from Under Childhood* (1967-70) - *Songs* (1964-69)... ainsi que son livre-manifeste METAPHORS OF VISION (1963, sont parmi les oeuvres les plus influentes de l'art-cinéma.

"Brakhage défend l'idée de la caméra "accumulatrice de lumière" analogue à l'oeil et du film analogue à la vision. Son idée de la vision, cependant, ne se limite pas à ce que voit l'oeil lorsqu'il est ouvert : elle développe aussi bien la "vision" de ce que l'on voit les yeux fermés tels que, l'apparition de motifs abstraits - que l'oeil perçoit lorsqu'il est clos - de souvenirs visuels, de songes, d'hallucinations, de rêves diurnes et nocturnes. En altérant les objectifs, en grattant, peignant la pellicule,

par surimpressions, par montage et par bien d'autres méthodes de manipulation de la lumière, il a tenté de rendre compte de cette vision composite au cinéma". Sheldon Renan in INTRODUCTION TO THE AMERICAN UNDERGROUND FILM.

The Dante Quartet
1987, 16 mm, couleur, silencieux, 8'.

The Dante Quartet est un film entièrement peint à la main directement sur la pellicule, dont la réalisation a duré 6 ans. Fondé sur des alternances de couleurs vives, il modifie également la superficie de l'image, qui se dilate et se contracte à l'intérieur du rectangle statique de l'écran. La rythmique et la densité cinétique qui s'en dégagent opèrent à chaque modification un saisissant changement dans la perception visuelle et émotionnelle du spectateur. Ce film expose, selon le principe de "la vision des yeux fermés", les conditions terrestres de "l'Enfer", du "Purgatoire" et du "Paradis" de LA DIVINE COMÉDIE.
Peintes à l'origine sur Imax et Cinémascope 70 et 35 mm, les pellicules ont été soigneusement re-photographiées et transférées en compilations 35 et 16 mm par Dan Yankosky de Western Cine.

Mothlight
1963, 16 mm, couleur, sans son, 4'.

Un film fait à la main, sans caméra.
Le cinéaste a collé directement sur la pellicule des ailes de papillons de nuit et des pétales de fleurs.
Le film représente, selon Brakhage, "ce qu'un papillon de nuit ("a moth") verrait, de la naissance à la mort, si le noir était blanc et si le blanc était noir".

BRYCH Marianne
France

"Après avoir passé quatre ans aux Arts Décoratifs en communication visuelle, puis une cinquième année dans l'Atelier Image Informatique, j'ai appris à jongler avec toutes les techniques graphiques pour tirer le maximum de leur possibilités.
La palette graphique est un outil de plus en plus magique qui me permet de rêver en vidéo aussi bien qu'en image fixe.
J'aime à travailler dans tous les domaines : graphisme, illustration, mise en page, image de marque, vidéo, habillage TV, etc.

Mes diverses expériences professionnelles m'ont tout simplement amenée à devenir graphiste-infographiste free lance." M.B.

Stolen Face

1988, vidéo-ordinateur, Umatic Pal, procédé : palette GRACE, couleur, sonore, 2'30".
Conception, images : Marianne Brych. Montage : Léonard Faulon.

"Réveillé par un flash, le héros a perdu son image. Perte d'identité et de réalité. Une histoire simple, une quête irréelle où le rêve est maître de toute logique. Désir de se perdre, désir de se retrouver à nouveau en un seul morceau." M.B.

BRYNNTRUP Michael
R.F.A.

Né à Münster (Westphalie) en 1959; mort de son frère jumeau à la naissance. Etudes de philosophie et d'histoire de l'art. A vécu à Freiburg et à Rome en 1980-82, puis à Berlin; depuis 1987, étudie le cinéma à Brunswick.

Jesus - Der Film (1985-86) - *Der Elefant aus Elfenbein - ein Zyklus von Totentänzen* (1988-89) - *Die Botschaft* (1989) - *Narziss und Echo* (1989); ainsi que des films-actions, installations et performances.

"Depuis le début des années vingt, de nombreux films parmi les plus importants de l'art cinéma ont été des films personnels représentant des réflexions et des sentiments individuels qui vont à l'encontre de la culture officielle. Ces films ont toujours développé de nouvelles formes susceptibles d'exprimer leurs sujets. Les films de Michael Brynntrup appartiennent à cette tradition qui a nourri son style narratif novateur". Birgit Hein.

Die Botschaft, Totentanz 8

1989, 8mm gonflé en 16 mm, N/B & couleurs, 10'.

Dernier épisode d'un cycle de 45' de danses macabres intitulé *L'Eléphant fait d'ivoire*. Ce cycle est une oeuvre en cours.

CAHEN Robert
France

Réalisateur, spécialisé en art vidéo. Diplômé du Conservatoire National Supérieur de Musique de Paris, dans la classe de Pierre Schaeffer. A été membre du Groupe de Recherches Musicales de l'ORTF (1971-74), puis chargé de recherche en vidéo-acoustique au service de la recherche de l'INA (1973-76). Il a réalisé de nombreux courts métrages pour le cinéma et la télévision, collabore régulièrement avec l'INA et fait de la vidéo depuis 1972. Ses bandes vidéo ont été primées dans de nombreux festivals internationaux et pour la plupart diffusées sur les chaines de télévision françaises et étrangères.

(vidéos) : *L'Entraperçu* (1980) - *Juste le Temps* (1983) - *Cartes postales vidéo* (co-réalisé avec Stéphane Huter et Alain Longuet, 1984-86) - *Boulez Repons* (1985) - *Montenvers et Mer de Glace* (co-réalisé avec Stéphane Huter, 1987) - *Le 2ème Jour* (1988) - *Solo* (chorégraphie Bernardo Montet, musique Michèle Bokanowski, 1989) *Hong Kong Song* (avec la collaboration d'Ermeline le Mezo 1989)

Travaille actuellement pour le Musée d'Orsay à la réalisation d'un documentaire sur le fragment en sculpture et l'oeuvre d' Auguste Rodin (février 1990).

Parcelle de Ciel

1988, 17'.
Réalisation : Robert Cahen. Montage : Ermeling Le Mézo. Chorégraphie : Susan Buirge. Danseurs : Michel Barthomé, Denis Detournay, Caroline Dudan, Gilles Estran, Anne Nicol-Hypolite, Sarah Llanas, Xavier Lot, Christine Roillet. Co-production : Maison de la Culture de la Rochelle, La Sept, Ina, Arcanal.

"...*Parcelle de Ciel* rencontre l'esprit et la manière de la chorégraphe Susan Buirge, avec pudeur et évidence. Un simple procédé oscilloscopique, utilisé sans discontinuer, dont on pourrait craindre la répétitivité, si le procédé n'était qu'artifice. Il n'en est rien. La technique qui consiste à décomposer, démultiplier le mouvement, trouvant dans ce ralenti l'essence même du geste compris dans sa durée, transcrit de façon saisissante l'univers buirgien, son esthétique surréaliste, sa puissance à faire du corps un défi au temps..." Dominique Passet.

COMPAGNON Philippe

France

Né en 1951 à Jonzac. Vit et travaille à Paris. Peintre et sculpteur depuis 1970, il a commencé à réaliser des images informatiques en 1987.

Expositions personnelles récentes : Galerie Bernard Jordan, Paris (1985) - Galerie de Shuis, La Haye (1986) - Galerie Bernard Jordan, Paris (1987) - Galerie Bernard Jordan, Paris (1988) - Art Francfort/Galerie B. Jordan, Francfort (1989).

Images Informatiques

1988, Umatic Pal, couleur, sonore, 9'.
Musique : Jean-Michel Comte. Production : C.N.A.P.

"*Images Informatiques* est un vidéogramme d'images de synthèse 2 D, produit par le Centre National des Arts Plastiques et réalisé sur une palette graphique "Graph 9 +" avec les moyens techniques de l'Atelier d'Image et d'Informatique de l'Ecole Nationale Supérieure des Arts Décoratifs. C'est le deuxième film que je réalise, c'est aussi le plus abouti. Sa forme est parfaitement liée à mon travail de peinture et de sculpture : une abstraction géométrique rigoureuse. Je n'ai utilisé que peu de couleurs; à vrai dire, juste le jaune et le noir, pour dessiner les lignes ou remplir les carrés et les rectangles. Le mouvement se crée par la succession du traçage des dessins et la durée par leur superposition : les éléments nouveaux du dessin recouvrant les précédents, donnent une nouvelle image et ainsi de suite..." P.C.

28 ▶

CUBA Larry

U.S.A.

"Diplômé des Beaux Arts du California Institute of the Arts. Après avoir travaillé en tant que programmateur pour *Arabesque* de John Whitney, Larry Cuba s'est servi du même materiau de base pour élaborer ses propres films : *Two Space* et *3/78*, qui visent à des effets esthétiques très différents de ceux du film de Whitney : mouvements asymétriques, interpolations spatiales positif-négatif et brillance des images rémanentes.
Cuba travaille toujours le graphisme par ordinateur, aussi bien dans le domaine des effets spéciaux (pour *La Guerre des Etoiles*, par exemple) que pour sa création personnelle (*Calculated Movements*)." William Moritz.

3/78

1978, 16 mm, 5'.

DAVIS Sandra

U.S.A

Née en 1951. De 1976 à 1978, études de cinéma au San Francisco Art Institute. Puis, études personnelles avec Gunvor Nelson, Larry Jordan, Malcom Le Grice. De 1973 à 1974, Université de Californie et études à Vincennes et à l'Ecole Pratique avec Michel Marie et Christian Metz. Recherche à Prague.

(films) : *Alleluia Pool* (1975) - *Shadow Faun* (1976) - *Soma* (1977) - *Maternal Filigree* (1980) - *Matter of Clarity* (1981-85) - *An Architecture of Desire* (1988).

"Je considère le cinéma comme un élément dans l'ensemble de la production artistique du XXème siècle. Cependant, il me semble que le cinéma d'art lutte pour se dégager complètement (aux Etats-Unis, du moins) de sa situation de "guerilla" dans le monde des arts : autrement dit, il doit exister essentiellement hors du marché de l'art et hors des circuits de distribution commerciale, attribuant aux cinéastes d'art certains défis spécifiques. (Ceci, tout particulièrement pour l'artiste qui ne fait pas de films narratifs). Le grand public est probablement plus familiarisé avec des moyens d'expression artistique autres que le cinéma d'art, dans la mesure où il a davantage d'occasions de voir des films commerciaux. Toutefois, cette situation a aussi libéré les cinéastes d'art des demandes du marché, et ainsi, d'un certain point de vue, laisse le champ de la forme filmique totalement ouvert à l'exploration." S.D.

Maternal Filigree

1980, 16 mm, couleur, sans son, 18'.
Conception, réalisation, montage : Sandra Davis.
Production : Jérôme Hill Foundation.

"Le film offre de passionnantes possibilités en ce qui concerne la synthèse des éléments que sont la lumière, le mouvement, la durée. C'est le seul moyen de production d'images qui permet d'étudier l'expérience humaine comme atténuée par la conscience du temps dans toutes ses fonctions déterminantes.
Mes propres films s'ouvrent généralement sur une question et débouchent fréquemment dans des territoires inexplorés. Cette oeuvre commence par une interrogation sur le fait d'habiter un corps féminin et

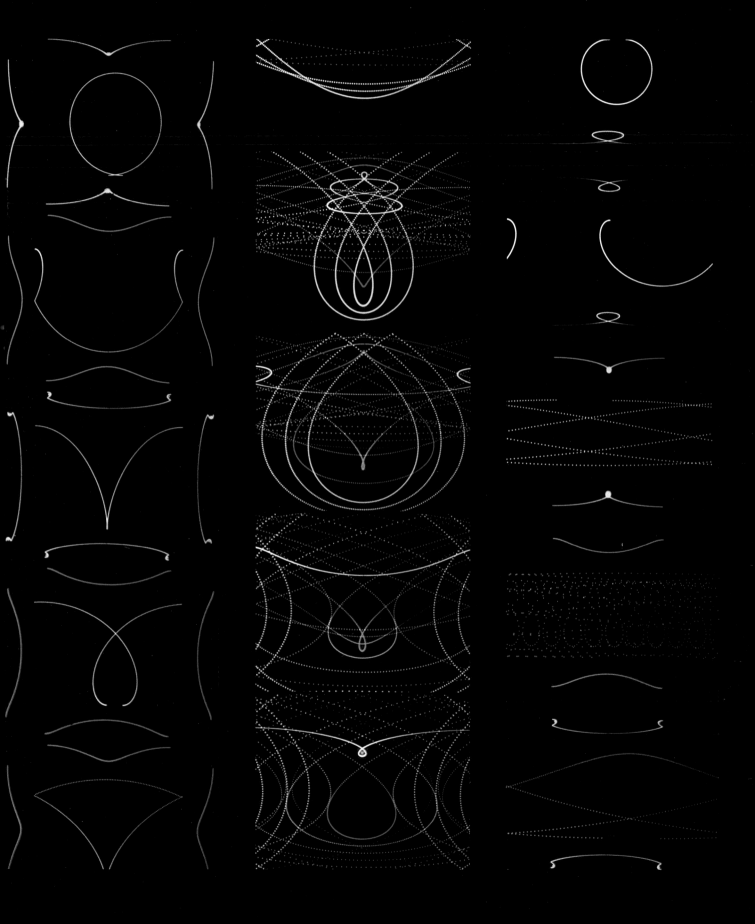

dérive rapidement dans un autre domaine. Des questions relatives à la vie dans un corps et à la mortalité donnent alors une nouvelle direction à l'oeuvre. Comme toute structure rythmique, le film est destiné à être reçu au niveau physique et sensoriel, aussi bien qu'au niveau intellectuel.
A cet égard, cette oeuvre entreprend également l'exploration des bornes de ce type de savoir." S.D.

DEREN Maya
U.S.A.

Cinéaste d'origine russe, chorégraphe, ethnologue, Maya Deren (1917-1961) est une pionnière de l'art-cinéma aux Etats-Unis. Théoricienne, elle a écrit de nombreux articles et a participé activement à l'émergence et la défense d'un cinéma indépendant américain : entre autres, elle co-fonde en 1953 l'Independent Film Makers' Association à New-York et met en place la Creative Film Foundation. Elle fait paraître en 1946 l'ensemble de ses articles sous le titre AN ANAGRAM OF IDEAS ON ART, FORM AND FILM. Elle est aussi connue pour son travail ethnologique important concernant le Vaudou Haïtien (THE DIVINE HORSEMEN, film + livre posthume).

(films) : *Meshes of the Afternoon* (en collaboration avec Alexander Hammid, 1943) - *At Land* (1944) - *The Witch's Cradle* (1944, inachevé) - *A Study in Choregraphy for Camera* (1945) - *Ritual in Transfigured Time* (1946) - *Meditation on Violence* (1948) - *The Very Eye of the Night* (1959) - *Divine Horsemen* (1947-51).

"Je crois qu'en chaque être humain il y a un lieu où l'on parle et où l'on écoute le langage poétique... quelque chose qui peut encore chanter dans le désert quand la gorge est trop sèche pour parler.
La vraie démocratie pour moi c'est d'insister sur cette capacité, qui existe chez tous les les gens.
Ce soir la vérité importante c'est la vérité poétique. C'est un territoire, qui est celui de l'art, qui nous rend humain et sans lequel nous ne sommes, dans le meilleur des cas, que des bêtes intelligentes.
Je ne suis pas avide. Je ne cherche pas à posséder la plus grande partie de vos jours.
Je suis contente si, dans ces rares occasions dont la vérité ne peut être formulée que par la poésie, vous vous souvenez peut être d'une image ou seulement de l'aura de mes films." M.D.

Meshes of the Afternoon
1943, 16 mm, N/B, sonore, 14'.
Co-réalisation : Alexander Hammid. Son/ Musique (1959) : Teiji Ito.

"Ce film a pour sujet les expériences intérieures d'un individu. Il n'enregistre pas un événement susceptible d'être attesté par d'autres personnes. Plus précisément, il reproduit la façon dont le subconscient d'un individu va développer, interpréter et élaborer un incident apparemment simple et anodin, en une expérience émotionnelle critique." M.D.

Ritual in Transfigured Time
1946, 16 mm, N/B, sans son, 14'.
Conception, réalisation, images, montage : Maya Deren. Danseurs : Rita Christiani, Frank Westbrook.

"*Ritual in Transfigured Time* développe plus avant cette idée de créer de la danse à partir d'éléments extérieurs à celle-ci. Hormis Rita Christiani et Frank Westbrook, aucun des personnages qui apparaît dans le film n'est danseur et, sauf une très brève séquence, les mouvements réalisés ne sont pas des mouvements de danse. Ce qui fait de ce film un film de danse, c'est que tous les mouvements - stylisés ou fortuits, dans leur totalité ou fragmentés - sont liés les uns aux autres, directement et comme partie d'un tout qui est le film, selon un concept chorégraphique." M.D.

DULAC Germaine
France

(1882-1942). Féministe, elle collabore au journal "La Fronde" de Marguerite Durand. En 1916 elle fonde une petite société de production cinématographique (dirigée par son mari). Elle commence sa carrière cinématographique en réalisant des films narratifs et devient la deuxième femme réalisatrice après Alice Guy. A partir de 1930 elle dirige les actualités (presse filmée) à Pathé puis à Gaumont. Elle est l'auteur de plusieurs textes théoriques sur le cinéma.

(films) : *La souriante Madame Beudet* (1923) - *La Coquille et le Clergyman* (sur un scénario de Antonin Artaud, 1926) - Trois films de cinéma pur : *Etude cinématographique sur une arabesque* - *Thème et variation* - *Disque 927* (1928-29).

"(...) Vers le poème symphonique d'images, vers la

symphonie visuelle placée hors des formules connues (le mot symphonie n'étant pris ici qu'en analogie). Poème symphonique où, comme en musique, le sentiment éclate, non en faits et en actes, mais en sensations, l'image ayant la valeur d'un son. Symphonie visuelle, rythme de mouvements combinés exempt de personnages où le déplacement d'une ligne d'un volume dans une cadence changeante crée l'émotion avec ou sans cristallisation d'idées. (...) Dépouiller le cinéma de tous les éléments qui lui sont impersonnels, rechercher sa véritable essence dans la connaissance du mouvement et des rythmes visuels, telle est la nouvelle esthétique qui apparaît dans la lumière d'une aube qui vient. " G.D.1927.

EMSHWILLER Ed
U.S.A.

A été peintre et cinéaste expérimental avant de travailler en vidéo. Ses films et ses bandes vidéo ont été largement présentés et ont remporté de nombreuses distinctions internationales. Il a enseigné le cinéma et la vidéo à l'Université de Californie, à Berkeley, à Yale University, Suny à Buffalo et au College Hampshire. Artiste vidéo en résidence à WNET/13 TV Lab. Directeur du School of Film and Video au California Institute of the Arts.

(films) : *Dance Chromatic* (1959) - *Thanatopsis* (1962) - *Relativity* (1966) - *Film with Three Dancers* (1970) - *Chrysalis* (1973)
(vidéos) : *Scape Mates* (1972) - *Positive-Negative Electronics Faces* (1973) - *Sunstone* (1979) - *Eclipse, Farbe* (1980-82)

"Lorsque j'ai décidé de faire mon premier film, je savais que je voulais combiner des peintures animées avec des images de danseur. En tant que peintre, je pouvais créer du rythme, du mouvement, des transformations et des tensions spatiales par l'animation abstraite. En travaillant avec un danseur, j'ai pu introduire un élément humain dans ces concepts formels. La juxtaposition du "réalisme de l'action in vivo" avec des images abstraites me plût.
Depuis, j'ai continué à réaliser des films et des bandes vidéo comprenant de la danse. J'y ai exploré d'autres façon d'unir le réalisme et l'abstraction." E.E.

Thanatopsis
1962, 16 mm, N/B, sonore, 5'.
Conception, réalisation, montage : Ed Emshwiller.

Interprètes : Becky Arnold, Mac Emshwiller.

"*Thanatopsis* est peut-être l'oeuvre la plus remarquable techniquement d'Ed Emshwiller. Chaque mouvement, soit de la caméra, soit du corps qui danse a été répété encore et encore, et photographié image par image. Le résultat est une figure spectrale, dynamique, qui se répand et se rétrécie dans un espace en partie fixe et en partie vibrant." Sheldon Renan, An Introduction to the American Underground Film.

EXPORT Valie
Autriche

Valie Export vit à Vienne (Autriche) et aux Etats-Unis. Son travail comprend : films de fictions, films d'avant-garde, bandes vidéo, cinéma élargi, performances, installations vidéo, actions corporelles, interactions corps-matériel, photographie, sculptures, installations, objets, dessins, tapisseries et publications sur l'histoire de l'art contemporain. Depuis 1968, elle compte à son actif de très nombreuses participations aux expositions artistiques et aux festivals de films internationaux. En 1980, Valie Export a été la représentante officielle de l'Autriche à la Biennale de Venise. Rétrospective de tous ses films en 1987 au "National Film Theater" de Londres, à la Cinémathèque de San Francisco et en 1988 au "Collective for Living Cinema" de New-York.

"J'utilise pour mon travail un mode de production multi-média. Il y a plusieurs raisons à cela : étant une femme, j'appartiens, dans le domaine de l'art comme dans la société, à l'Autre; mais mes propres textes ne peuvent s'inscrire (être communicables et acceptés) que dans l'autre culture (l'officielle).La production multi-media résulte de cette intertextualité. D'autre part, je travaille avec différents supports car je ne peux concevoir mon expression artistique fondée sur un seul, mais aussi parce que la multiplicité de ces supports peut apporter à mon travail d'autres dimensions.
Dans la lutte pour l'autodétermination des femmes, l'art représente un moyen qui en vaut d'autres; ce n'est que lorsque la définition de l'art aura changée que pourront apparaître d'autres oeuvres. Les femmes tentent de développer une esthétique de la résistance qui puisse libérer le corps des traces de sa colonisation : la société sera nue; la femme nue retourne le miroir." V.E.

Syntagma
1983, 16 mm, couleur, sonore, 18'.

Conception, réalisation, montage : Valie Export.

"Dans Syntagma, je prends des parties du corps ou des segments d'expression corporelle, ayant pour support un certain type d'image que je coordonne à un autre segment, concernant un autre type d'image, tel qu'il se donne dans son expression habituelle. Par là, je porte le corps dans un contexte toujours différent; mais la première image est subvertie par la seconde, la seconde par la troisième et ainsi de suite, tandis que le même corps reste toujours présent.

Pratiquement, cela signifie que j'inscris la vidéo, les diapositives et le film à l'intérieur du film, des images générées par ordinateur et des projections, et que toutes ces images entrent en correspondance les unes avec les autres.

J'engage de la sorte les différents media et porte constamment leur contenu dans un autre contexte. Cela peut faire penser à une technique littéraire, dans laquelle je permuterais les mots, je changerais les idées, ou encore j'allongerais ou comprimerais la phrase. J'appelle ces choix du déroulement formel les Anagrammes des Media." V.E.

FARGIER Jean-Paul
France

29 ▶

Né en 1944, critique de cinéma depuis 1968, fait de la vidéo depuis 1969. A écrit dans "Téléciné", "Tribune Socialiste", "Cinéthique", "Ecran", "les Cahiers du Cinéma", "Le Monde", "Libération", "Art Press", "Le Jardin des Modes". Quelques livres : un roman (ATTEINTE À LA FICTION DE L'ÉTAT, Ed. Gallimard), un pamphlet (LES BONS À RIEN, Ed. Presses d'Aujourd'hui), deux essais (JEAN-LUC GODARD, Seghers, NAM JUNE PAIK, Art Press).

Le Politique (1970) - *Quand on aime la Vie on va au Cinéma* (1973) (deux expériences de films collectifs).
Télévisions expérimentales, en particulier sur ou avec des écrivains : *Sollers, Joyce, Hugo, Robin, Huidobro*. Des installations : *La Visitation, l'Annonciation*.

"Au début la vidéo m'attirait parce qu'elle était plus facilement abordable (financièrement et techniquement) que l'appareillage cinéma, mais c'était pour faire du cinéma, rien de plus, rien de moins (et de fait la vidéo peut faire tout ce que le cinéma sait faire). Plus tard, avec Paik en particulier, j'ai découvert ce qu'on appelle l'art vidéo, et j'ai compris que la vidéo sait faire ce que le cinéma ne peut pas faire : une image

fondamentalement multiple (structurée par l'effet de direct). Depuis, j'essaie d'accéder, au gré de mes divers projets, à l'utilisation de toutes les innovations techniques (toute la gamme du traitement numérique en particulier), convaincu qu'elles sont riches de formes inédites d'expression, qui vont permettre de dire, donc, des choses jamais dites." J-P. F.

Joyce Digital
1984, BVU Pal, couleur, sonore, 33'.
Avec Anne Wiaczemski, Nini Crépon. Images : Jean-Michel Gautreau.

"*Joyce Digital* donne à entendre dix fragments (de 3') de *Finnegans Wake*. Les lecteurs en sont, outre James Joyce lui-même, John Cage, Merce Cunningham, Jean-Louis Houdebine, Philippe Sollers, Jacques Mercanton, Nam June Paik, Serge Daney et Jean-Christophe Bouvet. Les lecteurs, sauf exception (Joyce), se trouvent pris dans un réseau d'illustrations brisées-dissociées-décomposées (bref multiples) qui tentent de faire écho/coupe/loupe/ricochet à la pluralité linguistique du texte joycien." J-P.F.

FARRER Steve
Grande-Bretagne

Né à Manchester en 1952. De 1973 à 1976 : études au Royal College of Art. Depuis 1974, travaille à la London Film Makers' Coop.

Silk Screen Films (1974-75) - *Mirror Films* (1975) - *Exposed* (1976, film-performance) - *Int/Ext* (1976, installation double écran avec écran translucide au milieu de deux projections face à face) - *Ten Drawings* (1976, film installation ou dessins sur photo N/B) - *Robot Bee* (1976) - *Sound painting* (1977, enregistrement d'une action de peindre en faisant une bande son) - Premier tournage sur "la Machine" (1982).

360 ◊(une machine à filmer et à projeter) : Against the Steady Stare

"Steve Farrer désire créer un cinéma alternatif d'images pures. Son inaltérable obsession pour la matérialité du film et ses mécanismes l'a conduit à inventer et à réaliser la "Machine", une caméra rotative qui se transforme en un projecteur tournant, qui projette l'image tout autour en un mouvement circulaire comparable au déploiement d'un gigantesque rouleau chinois.

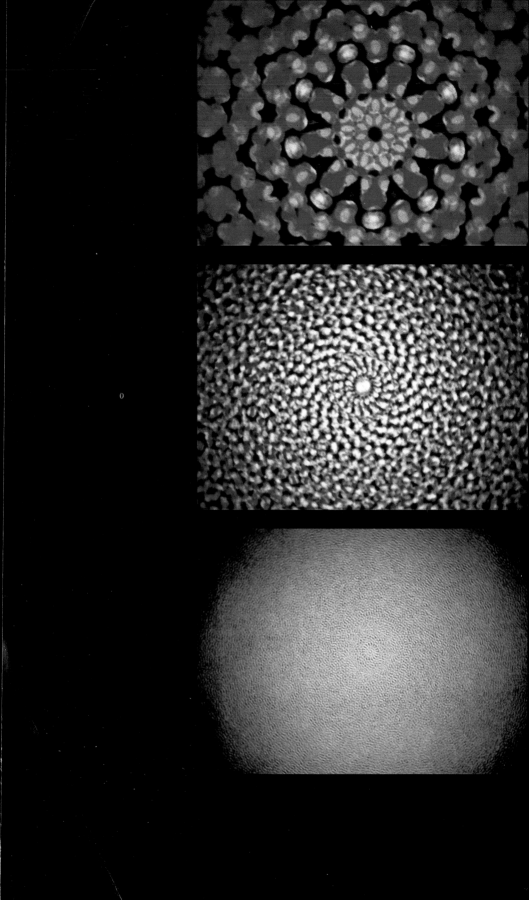

Steve Farrer a fait une razzia des pièces de machine à film 35 mm et a construit "La Machine" pour tourner un film au format "Odéon" qui glisse en continu derrière l'objectif sans l'interruption du mécanisme à griffe marche/arrêt utilisé dans la photographie ou le cinéma. La machine enregistre une image continue, ininterrompue sur toute la longueur d'une bobine de film, soit entre 15 et 300 mètres! Alors que la caméra et le projecteur conventionnels ont été conçus pour simuler le réel, avec 24 images fixes par seconde qui donnent l'illusion du mouvement grâce à la "persistance rétinienne" (une sorte de post-image rétinienne qui permet d'en compenser le balayage), "la Machine" enregistre les stases, les mouvements arrêtés, le vol d'un oiseau, le passage d'un cycliste ou le mouvement d'une vague qui se brise. Son fonctionnement se rapproche davantage de la photographie que du cinéma. Un objectif fixe enregistre avec un point précis. Un objectif en mouvement enregistrera comme un rai de lumière. Là où le film conventionnel consiste en une succession verticale d'images fixes enregistrant des moments séparés dans le temps, "la Machine" enregistre "l'espace-temps réel" de la caméra en rotation. La bande de film devient un balayage horizontal du paysage/espace et ne comporte pas de barres de cadre." Anna Thew.

FISCHINGER Oskar
Allemagne/U.S.A.

Né en 1900 près de Francfort, Oskar Fischinger est une figure majeure de l'avant-garde allemande des années 20; à partir de 1921, il déploie une intense activité d'expérimentation filmique s'orientant vers un cinéma d'animation abstraite pour lequel il met en place et explore différents dispositifs. En 1926, il s'installe à Berlin où il vit et travaille pendant 10 ans. Contrat avec l'UFA pour les effets spéciaux du film de Fritz Lang *Frau im Mond*. En 1928, il commence à produire des films de manière indépendante.
1932 : premier festival des films de Fischinger à Munich; 1931-32 : expérimentation en dessinant le son sur le film; 1935 : prix spécial à Venise pour son film *Komposition in Blau*; 1936 : les Paramount Studios lui offrent un contrat. Il s'installe à Hollywood, U.S.A.; 1937-38 : contrat avec la MGM; 1942 : collaboration avec Orson Welles pour un projet non-réalisé; 1950 : invente le lumigraph, dispositif pour effets lumineux; 1936-67 : a produit environ 750 tableaux exposés à plusieurs reprises; 1967 : meurt à Los Angeles à l'âge de 67 ans.

Wachs-Experimente (1923) - *Spiralen* (1926) - *R-1 Ein Formspiel* (1927) - *Seelische Konstrucktionen* (1927) - *München-Berlin-Wanderung* (1927) - *Studie n.5 - ein Spiel in Linien, R5* (1930) - *Studie n.6* (1930) - *Studie n.7 (1931)* - *Studie n.8* (1931) - *Studie n.9* (1931) - *Studie n.10* (1932) - *Studie n.11* - *Studie n.12* (Ecole Oskar Fischinger, film probablement entièrement réalisé par Hans Fischinger) - *Kreise* (1933) - *Komposition in Blau* (1935) - *Allegreto* (1936) - *Motion Painting n.1* (1947).

R-1. Ein Formspiel
1927, 16 mm, N/B & couleur, sans son, 7'.

"Ce film pensé par Fischinger comme un condensé de ses expériences des années 20, contient des exemples avec de la cire en tranches, avec des bâtons et des liquides et l'animation de cellules et d'étoiles. Quelques plans sont teintés et le film était montré originellement avec 3 ou 5 projecteurs afin de produire une image multi-colorée. A la fin de cette copie, nous voyons une brève séquence qu'Oskar Fischinger avait tiré sur du film couleur en utilisant plusieurs des bandes originales teintées superposées afin de simuler la projection originale multiple". William Moritz.

FRENKEL Vera
Canada

Artiste multidisciplinaire ainsi que productrice indépendante de vidéo dont le travail a été montré dans plusieurs pays.
Son opposition à toute censure, son travail sur "ruling fictions" et le travail qu'elle effectue actuellement sur le faux messie et autres fantasmes millénaires (tout particulièrement les coutumes de "cargo cult") se sont manifestés dans des bandes vidéo, des enregistrements sonores, des textes, des films et des installations qui témoignent des propriétés mythiques de la culture populaire.

Vera Frenkel a commencé de créer des bandes vidéo en 1974 avec *String Games* : *Improvisations for Inter-City Video* (36 heures sur quatre écrans) utilisant les services téléconférence de Bell Canada entre Toronto et Montréal, pour examiner des questions de langage, de codes, de signes et d'attribution de sens.
Elle a représenté le Canada à la Biennale de Venise de 1972 et en 1986 une rétrospective majeure de son oeuvre a été installée au National Gallery d'Ottawa.
Des écrits de Vera Frenkel ont parus dans "Artscanada",

"Art Monthly", "C-Magazine", "Descant, Fuse", "Impressions et Videoguide".

(Vidéos) : *Signs of a Plot : A Text, True Story & Work of Art* (1978) - *And Now, The Truth : A Parenthesis* (1980) - *Stories from the Front (& the Back)* (1981) - *The Last Screening Room : A Valentine* (1984) - *The Contraband Tape* (1985) - *Lost Art : A Cargo Cult Romance* (1986) - *Censored : The Business of Frightened Desires or the Making of a Pornographer* (1987).
(Performances) : *Some Enchanted-Evening or Other : The Story of the World* (1983) - *Trust Me, It's Bliss (The Hugh Hefner/Richard Wagner Connection)* (1987) - *Mad for Bliss* (1989).

"Mon intérêt pour le langage et ses usages m'a incitée à réfléchir sur la transformation de l'expérience en récit. C'est une chose que nous savons tous faire et reconnaître. Mais on ne peut rien tenir pour assuré, et moins que toute autre chose, les conventions culturelles, dont nous tirons nos convictions de la réalité. Surtout pas à une époque où les mots s'éloignent lentement de leur signification, nous laissant dans une sorte d'exil." V.F.

The Last Screening Room : A Valentine
1984, Umatic NTSC, couleur, sonore 44'.

"Cette vidéo est un cadeau électronique fabriqué pour la Saint-Valentin par une femme qui travaille pour le gouvernement de l'Ontario à titre de "garante de la vie privée". Son rôle consiste à écouter les histoires que lui racontent les détenus des prisons ontariennes pour les oublier aussitôt. L'acte de narration a été déclaré hors-la-loi. Le Conseil des Arts du Canada fait maintenant partie du Ministère de la Santé.
Ce "valentin" raconte l'histoire d'une vieille femme emprisonnée au pénitencier de Kingston, condamnée pour "narration" (John Bentley Mays), et de douze artistes de Vancouver qui lui ont raconté leur histoire. C'est un travail sur la création artistique quand il est désormais illégal de faire de l'art; une histoire à propos des histoires; et une histoire romanesque sur une histoire." V.F.

GAUTREAU Jean-Michel
France

Né à Saïgon (Viet-Nam) en 1957. Plasticien et musicien, réalisateur de bandes vidéo depuis 1981. Depuis 1985, conception d'installations vidéo et multi-media,

compositions infographiques, roman avec textes et graphisme composés sur ordinateur (*Loin des yeux*). Chargé de cours à l'Université Paris VIII en photo-vidéo.

(Vidéographie, dernières installations) : *Huile n∞1* (1987) - *Opération (Crossing Japan)* (1988) - *ADN (huile n∞2)* (1988).

Gautreau travaille la vidéo comme un peintre-musicien. A travers une trilogie consacrée aux quatre éléments : *Le Lac* (1983), *Lune Acoustique* (1983), *Pierre et le Loup* (1985), il explore les techniques des recyclages, incrustations, prismes, surimpressions, collages de couleur où les rythmes sonores fluctuent en écho aux ralentissements et accélérations de l'image.

Insights
1988, Umatic Pal, couleur, sonore, 40'.

"Au commencement étaient la mort, une île, un buffle, les visions intermédiaires (entre le bleu du dedans et le bleu du dehors).
A la fin : un bateau parti trop tard.
Au milieu : l'agité du bocal.
Tableaux, flashs lents, haïku néant, tombes de toutes les synthèses." J-M.G.

GEROSA Ida
Italie

Après un travail sur des supports plastiques traditionnels, Ida Gerosa se consacre à une recherche sur ordinateur. Elle a pu travailler à l'Institut d'Astrophysique Spatiale du CNR de Frascati.

Ses oeuvres ont été présentées à de nombreuses expositions dont :
Festival Dell'arte Elettronica, Camerino (1984), Festival de la Création Vidéo de Clermont-Ferrand, Biennale Internationale de Vidéo, Japon etc.

La Giornata (Pomerrigio, Sera, Notte, Giorno)
1989, BVU Pal, couleur, sonore, 14'30". Vidéo-ordinateur. Musique : Mario Colleoni.

"Les images pour la vidéo *La Giornata* (La Journée) ont été réalisées par le système IBM 7350 à l'Institut d'Astrophysique Spatiale du CNR de Frascati.
Les images sont complètement synthétiques. J'utilise

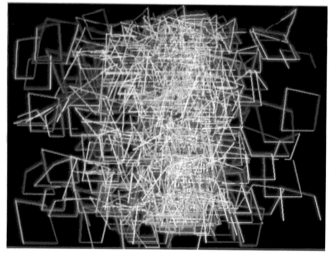

un programme fait spécialement pour moi, sur mes idées, qui me permet de créer et en tout cas me donne des possibilités très semblables aux résultats que j'avais dans le passé avec mes aquatintes.

Je peux dessiner comme je veux et peindre avec 4096 couleurs.

La liberté de création me permet de voyager à ma fantaisie dans les espaces inconnus, de rejoindre et de représenter chaque idée." I.G.

GIOLI Paolo
Italie

Né dans la province de Rovigo, en Italie, en 1942. Il s'est d'abord exprimé par la peinture, la sérigraphie et la lithographie, puis a trouvé sa voie de créateur expérimental dès 1968 dans le cinéma et la photographie. Son utilisation du medium photographique se caractérise par l'emploi du sténopé depuis 1969 et par l'impression directe de surfaces sensibles positives, comme le polaroïd dès 1977 et le cibachrome dès 1979.

(Films) : *Secondo il Mio Occhio di Vetro* (1971) - *Quando la pellicola e' calda* (1974) - *Immagini disturbate da un intenso parassita* (1970) - *Immagini reali/immagini virtuali* (1972) - *Hilarisdoppio* (1973) - *Traumatografo* (1973) - *Schermo-schermo* (1978) - *Il Volto Inciso* (1984) - *L'Assassino nudo* (1984) - *Film finish* (1986) - *Piccolo film decomposto* (1986) - *Quando L'Occhio Trema* (1988) - *Colore caldo* (1988) - *Film Stenopeico* (1973-1981-1989).

"On sait que depuis qu'il a été absorbé par les intérêts industriels, le cinéma s'est vu de plus en plus conditionné par les temps de travail, lesquels influent évidemment sur les coûts et tout le reste, en produisant ainsi des résultats grotesques en ce qui concerne le cinéma lui-même. Il est évident que si j'avais attendu que le cinéma d'Etat s'intéresse à mes recherches, celles sur l'image par exemple, j'en serais encore à attendre d'impressionner ma première image. La seule vraie grande ressource (et revanche !) ne pouvait venir que de cet incomparable animal au nom de "caméra".

M'intéressant longtemps à elle, j'ai "découvert" qu'elle pouvait bien devenir le petit laboratoire que j'imaginais : indépendant et même portatif. Elle l'est devenue. J'aime le cinéma à travers la caméra; enfin je commence à inventer moi-même les temps et les prix. Des films libres en liberté. On ne se souvient jamais

assez que la première caméra de Lumière filmait, tirait et projetait; de la même façon que Lumière développait lui-même. Tout cela dans un laps de temps impensable de nos jours pour un particulier qu'il soit "en marge" ou non. Voilà, je travaille de cette façon depuis des années en utilisant ma propre caméra comme tireuse et en développant partout où je me trouve, produisant d'innombrables "lectures", effets et trucages de mes films et d'autres films, imaginables uniquement dans un laboratoire spécialisé." P.G.

Secondo il Mio Occhio di Vetro
1971, 16 mm, N/B, sonore, 8'.

GREENFIELD AMY
U.S.A.

Amy Greenfield a étudié la danse avec Robert Cohan au New England Conservatory, au Martha Graham Studio, et avec Merce Cunningham & Company. Chorégraphie avec Louis Horst, Robert Cohan et Lucas Hoving. Réalise des films depuis 1965 et des bandes vidéo depuis 1972. Elle a organisé des séminaires dans des universités et sociétés cinématographiques, telles que le Millenium Film Workshop, New-York. Elle est également consultante et chercheuse sur le thème de la danse en relation avec le cinéma pour le Educational Development Center de Boston et le New-York State Council on the Arts. En 1983, elle est co-organisatrice du "Filmdance Festival" à New-York.

◄ 30

(Films) : *Encounter* (1969) - *For God While Sleeping* (1971) - *Saturday* (1971) - *Transport* (1971) - *Element* (1973) - *One o. One* (1976) - *Tides* (1982).
(Vidéos) : *Centric* (1972) - *Dialogue for Cameraman & Dancer* (1974) - *Dervish* (1974) - *Fragments : Mat/Glass* (1976) - *Videotape for a Woman & a Man* (1978-79) - *Closup Nudes*.
(Holographies, pour installations) : *Fine Step* (1977) - *Saskya* (1977) - *The Wave & Wave II* (1978-79).
(Publications) : "Dance as Film" (1969) - Essais dans "Filmmakers Newletters", "About Dance", "Eddy" (en 1971 et 1974) - Articles critiques de vidéo dans "Field of vision", "Film Library Quaterly" (1978).

"Un "filmdance" est le contraire d'un document sur la danse, art vivant. C'est un film dans lequel le réalisateur-chorégraphe transforme les "principes de base" du temps et de l'espace-danse au moyen de l'utilisation de l'objectif, des angles de prise de vue, du mouvement de la caméra, de l'éclairage, des techniques optiques et du montage. Par de telles transformations filmiques du corps humain en mouvement, l'association du cinéma et de la danse débouche sur une troisième voie, un genre de danse nouveau, qui n'a souvent aucun rapport avec la danse, art vivant. Lorsque le support filmique se substitue à la scène pour devenir le cadre de la danse, une étonnante forme artistique en résulte, et la danse devient quelque chose qui aurait été inconcevable avant l'invention du cinéma." A.G.

Element

1973, 16 mm, N/B, sans son, 11'30". Caméra : Hilary Harris

"Une femme rampe, nage, oscille dans une mer de boue sans fin. Silencieux, nu comme un élément naturel, le film ne consiste en rien d'autre que cette boue, la femme, le ciel et la force de gravité." Robert Haller.

HAKOLA Marriki
Finlande

Née en 1960 à Isokyrö. Etudes de peinture à l'Académie des Beaux-Arts de Helsinki (1980-84). En 1982 elle commence à travailler la vidéo et la performance. Depuis 1984, elle s'est engagée dans l'enseignement tout en réalisant des projets audiovisuels et des productions indépendantes. Ses bandes-vidéo, ses installations, et ses performances multi-média, ont été présentées dans des festivals et manifestations en Finlande, Suède, Norvège, Danemark, Pays-Bas, Allemagne, Autriche, Suisse et Japon.

(vidéos) : *Contacts terrestres* (1982) - *Satellite* (1986) - *Vingtième siècle* (1986) - *Cricket* (1988) *L'Extase de Sainte-Thérèse* (1988) - *Stilleben-Le Voyage de Milena* (1989) - *Naimen* (1989).

"Utilisation de la vidéo analogique. Conception musicale de la vidéo et intérêt pour les différentes couches temporelles. Les images simultanées et en temps réel sont utilisées comme moyens d'échapper au réalisme de l'image. Dans son oeuvre Marriki Hakola explore les thèmes de l'âge de la communication de masse, s'attachant à une critique des mass-media, de leur culture et de leur impact sur le psychisme de l'individu." M.H.

Cricket

1988, vidéo-ordinateur, couleur, sonore, 7'.

"*Cricket* est une des cinq bandes-vidéo conçues pour PIIPÄÄ, performance audiovisuelle multi-média de 1987. *Cricket* rend compte de façon abstraite des problèmes d'une culture totalitaire qui pousse à la conformité : comment l'individualité s'effondre, dans un environnement de communication de masse, et aboutit à des réactions hystériques et schizophréniques. Les procédés iconiques employés sont le miroir de ce processus." M.H.

HAMMER Barbara
U.S.A.

Née à Hollywood en 1939. Etudes de psychologie, littérature et cinéma (Universités de Los Angeles et San Francisco). Partageant son temps entre New-York et la Californie, elle enseigne le cinéma et les études féministes en particulier à l'Université de Berkeley.
Ses films des années 70 sont marqués par une démarche d'affirmation personnelle, à la fois intime et sociale, et d'une quête des mythes féminins archaïques. Elle s'oriente ensuite vers une création plus éclectique, centrée sur l'exploitation des spécificités de l'image cinématographique, l'exploration et l'analyse de l'acte de regarder, l'expérience de l'espace et du temps à travers des thèmes tels que l'appréhension d'architectures, les expériences de voyage ("road movies") ou encore les portraits.

(Films) : *Jane Brakhage* (1975) - *Double Strength* (1978) - *Pools* (1981) - *Pond and Waterfall* (1982) - *Bent Time* (1984) - *Optic Nerve* (1985) - *Endangered* (1988).
(Vidéos) : *Stress Scars and Pleasure Wrinkles* (1986) - *Snow Job : The Media Hysteria of Aids* (1986) - *T.V. Tart* (1989) - *History of the World according to a Lesbian* (1989).

"J'utilise la tireuse optique comme un outil d'expression personnelle qui raccorde mes expériences intellectuelles et émotionnelles avec mes expériences techniques marquant une oeuvre qui marie l'image et le coeur à travers l'étude de chaque plan." B.H.

Endangered

1988, 16 mm, couleur & N/B, sonore, 18'.
Images, montage : Barbara Hammer. Musique : Helen Thorington. Textes : Barbara Hammer.

"Récemment certains critiques et écrivains ont prédit la fin du film d'avant-garde, une clôture historique à des décennies d'expérimentation cinématographique. Parmi les nombreuses raisons pour cette sombre prédiction, la plus importante était le développement de la vidéo, moyen électronique de production d'images en mouvement qui est moins chère que le film et de nos jours plus utilisé. Aujourd'hui un artiste peut choisir de travailler sur film, sur vidéo ou sur film et vidéo, et ces options nous obligent à démolir les frontières conventionnelles entre les moyens d'expression afin de comprendre les histoires et les ontologies respectives de ces différentes formes d'art. (...) Endangered représente une expression évidente du pouvoir unique du celluloïd et du procédé de la création cinématographique. Hammer ne se cache pas derrière celui-ci : dans Endangered nous la voyons en train de faire le film. Entre ses mains la transformation du film en forme poétique advient par la manipulation directe de la pellicule." John Hanhardt.

HATOUM Mona
Grande-Bretagne

Mona Hatoum est née à Beyrouth, Liban ; elle vit et travaille à Londres depuis 1975.
Après des études à The Byam Shaw School of Art et à The Slade School of Art , son travail se concentre sur la performance et la vidéo, mais inclut également la photographie et des installations. Elle a exposé et présenté des vidéos en Europe, aux Etats-Unis, au Canada, en Australie. Une rétrospective lui a été consacrée au 5e Festival International de Films et Vidéos de Femmes de Montréal en 1989.

(Vidéos) : *So Much I Want To Say* (1983) - *Changing Parts* (1984) - *Measure of Distance* (1988).

So Much I Want to Say
1983, vidéo Umatic Pal, N/B, sonore, 5'.
Conception : Mona Hatoum. Image : Kate Craig. Montage : Mona Hatoum. Musique : David Kelln.

"Une série d'images silencieuses se déroule (toutes les 8 secondes), révélant le visage d'une femme en plan très rapproché qui remplit l'écran. Deux mains masculines bâillonnent à maintes reprises cette femme, masquent une partie de son visage et parfois le recouvrent tout entier. Sur la bande-son les mots "So much I want to say" ("J'ai tant de choses à dire") sont répétés inlassablement.

Changing Parts
1984, Vidéo Umatic Pal, N/B, sonore, 24'.
Conception, montage : Mona Hatoum. Images : Mona Hatoum, Jean Matthee. Musique : Jean-Sébastien Bach.

Changing Parts est une représentation de l'opposition entre intérieur et extérieur, une métaphore pour deux réalités différentes, existant côte à côte, nettement séparées et hostiles l'une à l'autre.
Une partie se réfère à une réalité organisée, clairement définie, privilégiée et ordonnée; l'autre, à une réalité de désordre, de chaos, de guerre et de destruction. Mais cette opposition se révèle pleine de contradictions puisque l'intérieur et l'extérieur s'avèrent interchangeables, lorsque dans le désordre on trouve une expression de la naissance et de la volupté de la vie.
Cette bande vidéo a été construite à partir de plans réalisés chez mes parents à Beyrouth et de quelques séquences d'une performance intitulée *Under Siege* (mai 1982, London Filmmakers' Co-op). Sur la bande sonore on peut entendre la *Suite pour violoncelle n∞4* de Bach qui se perd sous une multitude de couches sonores de bruits, de sons de la rue et d'enregistrements de journaux télévisés." M. H. S

HEIN Birgit
R.F.A

Née en 1942 à Berlin. Etudes d'histoire de l'art. Entre 1966 et 1988, elle réalise des films expérimentaux avec Wilhelm Hein et co-organise des manifestations telles que Documenta 6 (1977) et Film als Film (1979). Vit à New-York (1981- 82). Première rétrospective complète au Deutsches Filmmuseum de Francfort en 1985. Enseigne à la Hochschule für Bildende Künste (Brunswick) et réalise une tournée dans le Sud-Est Asiatique pour le Goethe Institut. Participe au International Congress for Experimental Film, Toronto, 1989.

(Films) : *Rohfilm* (1968) - *Strukturelle studien* (1964) - *Love Stinks* (1982) - *Verbotene Bilder* (1985) - *Kali-filme* (1988) - *Die unheimlichen Frauen* (1989).
(Livres) : FILM IM UNDERGROUND (1971) - Birgit Hein & Wulf Herzogenrath, FILM ALS FILM (1977)

"Lorsque, avec Wilhelm, nous avons commencé à tourner des films en 1966, nous venions de la tradition de la peinture et notre intérêt principal se portait sur les qualités visuelles du film.

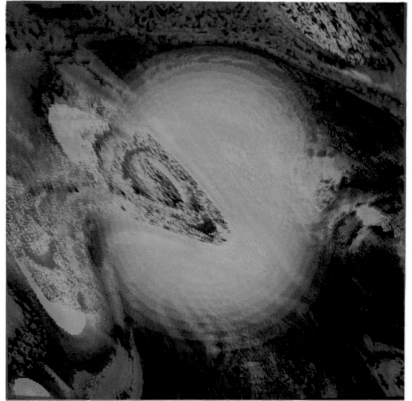

A cette époque nous croyions que l'art d'avant-garde, l'art formel, pouvait avoir une fonction politique dans notre société. Lorsque les problèmes existentiels devenaient trop forts pendant les années 70, nous nous sentions complétement détachés de notre travail formaliste. Il nous fallait soit abandonner le film, soit tourner des films qui nous étaient personnellement nécessaires. Cela voulait dire que nous étions obligés de faire face à la vraie vie et à nous-mêmes.

Aujourd'hui, depuis notre rupture, il faut que mon film m'aide à me retrouver en tant qu'individu. Je suis sur la bonne voie : déjà de nouvelles images sont réalisées." B.H.

Kali Filme

1987-88. Co-réalisation : Wilhelm Hein. Neuf films16 mm et vidéo d'une durée totale de 71'.

"Les *Kali Films* montrent des fantasmes sexuels et de violence tabous dans notre culture ainsi que nos instincts les plus bas qui circulent dans les films mineurs. Kali est une déesse hindou qui donne la vie, tue et émascule. Le Kali-Frauenfilm donne l'image de Kali à notre époque." B.H.

HERNANDEZ Teo
France

Né au Mexique, en 1939. Etudes d'architecture. Fondateur du C.E.C. (Centro Experimental de Cinematografia), Mexico, 1960. Premier film en 1960. A partir de 1968, films réalisés à Londres, Paris, Tanger, Copenhague, Marseille, Florence, Barcelone, etc. Photographe et écrivain (poèmes, journal, notes et réflexions sur le cinéma inédits). Tournant exclusi-vement en Super 8, il est l'auteur de très nombreux courts et longs métrages.

(Films) : *Salomé* (1976) - *Le Corps de la Passion : Cristo* (1976) - *Esméralda* (1977) - *Cristaux* (1978) - *Lacrima Christi* (1979-80) - *Maya* (1978-1979) - *La Vie Brève de la Flamme* (1980-81) -*Trois Gouttes de Mezcal dans une Coupe de Champagne* (1983) - *Tranches* (1985-87) - *Bernardo Montet à Etretat* (1987) - *Pas de Ciel* (1987) - *Sol y Sombra* (1988) - *Gael lit Pessoa* (1989) - *Le Voyage au Mexique* (1989).

"Réaliser une oeuvre *in vivo* et non *in vitro*. Nudité, concision, gravité. Une image en constante rupture et dissolution. Sans calcul, ni parti pris, ni intention.

Enlever, supprimer, renoncer. Réduire, toujours réduire. Une oeuvre se fait jour après jour. Son objectif se trouve tout près pour en parler : il est plutôt derrière ou en dehors du film : ce qu'on doit éviter; ce qu'on ne doit plus répéter. Une oeuvre se fait aussi avec l'erreur, la contradiction, le doute et l'imprévu. Une oeuvre n'est jamais ce qu'on veut. En cela réside son émotion. Le film ne doit pas être exemplaire, il doit être unique; au-delà de la raison. Il est langage poétique : poésie dans sa totalité. Le film : le corps de la poésie." T.H.

Pas de Ciel

1987, super 8, couleur, sans son, 29'.
Conception, image, montage : Teo Hernandez.
Chorégraphie : Bernardo Montet. Avec la participation de Bernardo Montet.

"La danse : défi, fusion, quelque chose qui est au-delà de l'interrogation, et inscrit en courbes et lignes divergentes, en profusion d'angles, une profession de foi; la tension de l'espace où la danse s'approprie de l'opacité du temps.

Comment filmer la danse?
Comment danser pour un film?
Prendre la mesure de notre solitude.
Dénuder l'espace et la lumière. Ni décor, ni musique : que la gravité du silence.
Danser et filmer jusqu'à oublier le corps et le film.
Jusqu'à atteindre l'espace de la danse et de l'image : le vide souverain." T.H.

◀ 31

Tranches

1985-87, Super 8, couleur, sonore, 25'.
Conception, image, montage, son : Teo Hernandez.
Avec la participation de : José Maria Alfonso, Michel Nedjar, Pascal Martin, Jakobois, Simone Laurenti. Textes écrits et lus par Teo Hernandez.

"Des séquences qui dérivent, s'interrogent, s'ignorent ou correspondent. Où le propice se profile, se dénonce, se dénoue et se "transparente". Quête ou fuite, ou simplement être. Passion et réflexion.
Labyrinthe où l'image revient au centre même, au noyau de sa performance et de son désarroi : le nu, le corps nu de la vie.
Ce qui vient dépister, déguster ou refléter cette palpitation du nu; ce qui se prélasse, se baigne, dort et rêve; poursuit sa trêve humide parmi les nuages et les images." T.H.

HOOVER Nan
Pays-Bas

Née en 1931 à New-York. Nan Hoover a fait ses études à la Corcoran Gallery School à Washington de 1949 à 54. Entre 1957-74, elle expose ses peintures et ses dessins à Washington, New-York et Amsterdam. Elle s'installe à Amsterdam en 1969. En 1974, elle commence à travailler en vidéo, performance et photographie. Elle devient citoyenne Néerlandaise en 1975. Travaille à Berlin en 1980-81. Vit et travaille à Amsterdam.

(Vidéos) : *Movement in Light* (1975-76) - *Light dissolves n∞2* (1977) - *Cutting Light* (1977) - *Movement in Dark* (1978) - *Movement away from Primary Colors* (1980) - *Projections* (1980) - *Color Fields* (1980) - *Light and Object-Landscape* (1982) - *Waiting* (1985).

"Je vois mon travail essentiellement comme une gachette qui appelle un déclic de reconnaissance chez le spectateur... tout comme la tige d'une fleur peut évoquer la forme d'un corps ou comme une composition de papier peut rappeler les aspects linéaires du corps. Dans mes performances, j'explore les contrastes entre les dimensions du corps humain et celles de son/ses ombre(s) et les questions que cela provoque. Une citation de LA RÉPUBLIQUE de Platon le dit mieux que moi : "ne regarde rien d'aussi vrai que les ombres...."
Dans mes bandes vidéo, je me sers de compositions de papier et d'une lumière qui bouge lentement rappelant un paysage ou un paysage imaginaire. Pour moi, chaque medium offre des possibilités différentes pour explorer mes pôles d'intérêts que sont l'éternel et le rêve, à travers l'utilisation de la lumière, de la forme et des couleurs. Les oeuvres photographiques, par exemple, sont des compositions pour l'image fixe, prenant en compte ses possibilités et ses limites. Il en va de même pour la vidéo qui est limitée par sa technologie mais qui, en même temps, offre la possibilité de travailler sur le mouvement en temps réel. La nature même de chaque medium est à la base de mon inspiration et me pousse plus loin dans mes recherches et dans ma façon de voir." N.H.

Waiting
1985, 16 mm, N/B, sonore, 10'

"Le film de Nan Hoover traite du thème de l'attente. Il montre, de manière expérimentale, comment la perception de l'espace et du temps change progressivement et subjectivement, comment la réalité devient de plus en plus abstraite. A un niveau métaphorique et symbolique, le film visualise la condition psychologique de l'attente : la personne qui attend perd contact avec le monde extérieur, se renferme sur elle-même jusqu'à n'être plus qu'une coquille vide. Ce processus apparaît dans le film par le passage subtil d'un réalisme concret à un graphisme abstrait, en particulier par l'utilisation du montage, de la lumière et de l'ombre, et par un jeu sophistiqué entre le personnage et l'arrière-plan." Mo Beyerle.

IIMURA Taka
Japon

Taka Iimura commença à faire des films expérimentaux en 1960 après avoir obtenu un diplôme à l'Université de Keio à Tokyo en 1959. A l'époque il était l'un des premiers cinéastes expérimentaux au Japon.
Durant la fin des années 1960-70, il a travaillé surtout aux Etats-Unis et en Europe grâce à de multiples bourses d'artiste; puis au Japon, aux Etats-Unis et au Canada durant les années 80. Il a participé à de nombreuses conférences et expositions organisées par des universités, des festivals et des musées. Des expositions individuelles de son oeuvre sur film et vidéo ont été montrées au Museum of Modern Art, New York, 1975 et 1981, au Whitney Museum, New York, 1979, au Centre Georges Pompidou, Paris, 1977 et au Hara Museum, Tokyo, 1982 et 1985.
Depuis les débuts des années 60 il a réalisé plus de cinquante films, autant de vidéos, et est l'auteur d'une vingtaine de performances et d'installations.
En tant que critique, Iimura a publié plusieurs livres sur le cinéma et les arts : ENTRE L'ART ET LE NON-ART (1970) - YOKO ONO (1985) et POUR UNE EXPÉRIMENTATION VISUELLE (1987).

(Films) : *Ai-Love* (1963) - *White Calligraphy* (1967) - *Filmstrips I, II* (1966-70) - *Buddha again* (1969-70) - *In the River* (1969-70) - *24 Frames per second* (1975-78) - *Sync Sound* (1977) - *MA* (1977) - *One Frame Duration* (1977) - *Repeated/Reversed Time* (1980) - *Talking in New-York* (1981).
(Vidéos) : *Self Identity* (1972-74) - *Observer/Observed* (1975) - *Camera Monitor Frame* (1976) - *Visual Logic (and Illogic)* (1977) - *I=You=He/She* (1979) - *A Conversation with Video* (1983) - *I Love You* (1983-87) - *Monet Garden Synthesized* (1988) - *MA : Space/Time in the Garden of Ryoan-Ji* (1989).

32 ▶

(performances et installations) : *Three Colors* (1968) - *Projection Piece* (1968-72) - *A Loop Seen as a Line* (1972) - *One Second and Infinity* (1975) - *Identity Piece* (1976) - *Topological Space* (1979).

I Love You

1973, remonté en 1988.
Umatic NTSC, couleur, sonore, 5'.
Conception, réalisation, montage : Taka Iimura.
Participants : Taka Iimura, Akiko Iimura. Textes : Taka Iimura dits par Taka et Akiko Iimura.

"Une étude linguistique de "I Love You", pour image et son, avec Taka et Akiko Iimura. Séparément, face à la caméra dans trois positions différentes (de face, de côté et de dos), ils échangent la phrase avec des inversions (Je/Tu et Il/Elle). A la fin ils sont ensemble face à la caméra (les spectateurs) disant "I Love You".

Mon oeuvre I Love You est placée dans le contexte de mon étude vidéo sur l'identification. En 1975-76, j'avais tourné une série Observer / Observed examinant les rapports entre deux personnes selon le principe de "qui regarde qui" : l'une est filmée par l'autre et, dans le même temps, grâce au feed-back vidéo, celle qui observe est filmée par l'observée. Dans la vidéo, les deux personnes disent "I love you", mais l'identité de "Je" et de "Tu" diffère selon "qui le dit à qui". Ici, l'étude de l'identité associe l'image et la voix.

IKAM Catherine
France

Artiste plasticienne, elle est surtout connue pour ses installations et ses sculptures vidéo, à travers lesquelles elle explore un nouveau concept de l'espace. Elle est aussi peintre. Elle a été membre du département de Recherche du Massachussetts Institute of Technology à Cambridge, U.S.A.
Ses créations ont été présentées dans de nombreux musées, biennales et festivals.

(Environnements multi-média et sculptures vidéo) : *Dispositif pour un parcours vidéo : Identité I, Identité II, Identité III - Fragment d'un archétype - Niagara Falls - News - La race blanche* (hommage à Magritte) - *Valis* (dispositif pour une narration éclatée).
(Vidéos) : *Quadra* (1976) - *Spirales* (1977) - *Rituels 81* (1981-1982) - *Islands* (1983-1984) - *Valis Opéra* (1987) - *Beaubourg Labyrinthe* (1989).

Sophia

1987, vidéo BVU I pouce, couleur, sonore, 5'.
Musique : Tod Macover (réalisé sur 4X à l'IRCAM). Ce clip-vidéo est entièrement réalisé en images de synthèse incluant des effets "Harry" réalisés chez Duran ainsi que des images 3D réalisées aux Etats-Unis.

"Il n'y a pas de route qui mène hors du labyrinthe. Le labyrinthe change à mesure qu'on s'y déplace car il est vivant" (Philip K. Dick). VALIS, roman écrit par Philip K. Dick est l'histoire d'une quête initiatique dans un univers peuplé de simulacres. A partir de ce roman Catherine Ikam a imaginé un vaste environnement qui a occupé le Forum du Centre Georges Pompidou de décembre 1987 à mars 1988. Cet environnement a la forme d'un vaste labyrinthe octogonal en marbre qui symbolise le monde dans lequel nous vivons. Au bout du labyrinthe, le héros (ou est-ce nous-mêmes) rencontre une femme étrange qui l'entraîne dans les profondeurs du labyrinthe avec lequel elle finit par se confondre". C.I.

JARMAN Derek
Grande-Bretagne

Né en 1942 à Northwood, Middlesex, Angleterre. Etudie la peinture entre 1963 et 1967 à la Slade School, Université de Londres et peint pour le théâtre et la danse. Expose aux Etats-Unis et en Angleterre; rétrospective à l'Institute of Contemporary Art de Londres en 1984. S'orientant de plus en plus vers le cinéma, il est proche du groupe de la London Filmmakers' Coop et se fait remarquer par ses recherches utilisant le Super 8 pour évoquer des peintures (surimpressions complexes, variations de vitesses de filmage).

De ces expériences est née une série de films semi-abstraits, "délicats et subtils", où se dessine un des rares exemples d'homo-érotisme anglais, révolté et métaphysique. Dans son oeuvre cinématographique, s'assemblent super 8, 16 mm, 35 mm et vidéo.

The Art of Mirrors (1973) - *Sébastiane* (1976) - *Jubilee* (1978) - *In the Shadow of the Sun* (1972-80) - *Imagining October* (1984) - *The Angelic Conversation* (1985) - *Caravaggio* (1986) - *The Last of England* (1987) - *The War Requiem* (1988).
Derek Jarman réalise également des vidéos-clips.

33 ▶

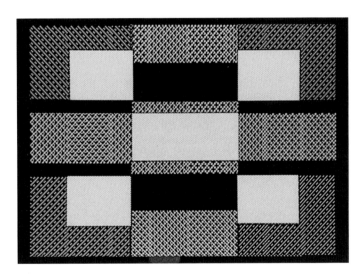

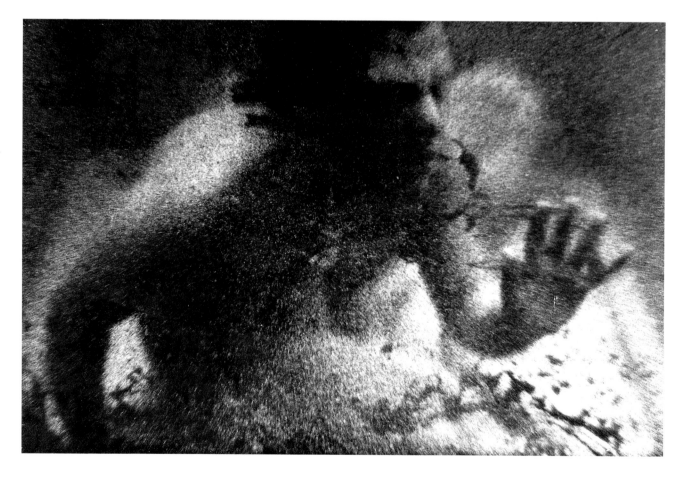

The Angelic Conversation

1985, super 8 gonflé en 35 mm, couleur, sonore, 80'.
Texte : SONNETS de Shakespeare.

"(...) Derek Jarman présente *The Angelic Conversation* comme : "la plus austère de mes oeuvres, mais aussi celle qui m'est la plus chère".
La lecture que fait Judi Dench des **Sonnets** de Shakespeare agit "comme la source d'une rêverie mélancolique sur le désir. (...) Dans ces images vacillantes et granuleuses, des jeunes gens épient par des fenêtres, escaladent des terrains rocailleux et s'abreuvent les uns et les autres, d'eau et de baisers... Ces images oniriques témoignent largement du talent poétique singulier de Jarman." Jeoff Brown.

JONAS Joan
U.S.A.

Artiste multi-média d'art visuel et de performance, Joan Jonas se produit aux Etats-Unis et en Europe depuis la fin des années 60. Ses études d' histoire de l'art et de la sculpture (Mount Holyoke Collage, école du Museum of Fine Arts, Boston, Columbia University) sont déterminantes dans l'intérêt qu'elle porte à la manipulation et la perception de l'espace.
Joan Jonas use dans ses performances d'éléments variés, empruntés aux traditions du Nô et du Kabuki, au théâtre moderne, à la danse, au cirque ou encore à la Renaissance Italienne. Utilisant la vidéo et les arts visuels (le dessin fait partie intégrante de ses performances), elle a développé un vocabulaire personnel du son, de l'image, de l'objet, du geste, de l'espace et du mouvement.
En 1972, elle a utilisé pour la première fois la vidéo dans sa performance : *Organic Honey's Visual Telepathy*. En 1976, elle a commencé à travailler sur les formes du récit : à partir des contes des frères Grimm (*The Juniper Tree*, 1976), de récit de science-fiction ou de mythes (*Upside Down and Backwards* (1979), *Double Lunar Dogs* (1980). A partir de 1985, elle s'est attachée à l'adaptation du récit médiéval Islandais VOLCANO SAGA qui a donné lieu à plusieurs performances et bandes vidéo.

(films) : *Wind* (1968) - *Veil* (1971) - *Paul Revere* (1971) - *Song Delay* (1973).
(vidéos) *Organic Honey's Visual Telepathy* (1972) - *Vertical Roll* (1972) - *Left side Right Side* (1972) - *Disturbances* (1974) - *Glass Puzzle* (1974) - *Merlo* (1974) - *Poo* (1974) - *May Windows* (1976) - *Upside Down and Backwards* (1980) - *He Saw Her Burning* (1983) - *Double Lunar Dogs* (1984) - *Big Market* (1984).

"Mes intérêts sont principalement d'ordre visuel et centrés sur l'investigation de l'espace et les moyens de le transformer (...). Depuis le début, le miroir est à la base de mes recherches aussi bien qu'un procédé pour altérer l'espace, le fragmenter, réfléchir le public et l'incorporer ainsi à l'intérieur des performances. Ces événements constituent des rituels où les spectateurs sont impliqués par cette réflexion et par leur intégration immédiate dans le processus de la création de l'image. (...) Souvent, les bandes vidéo et les performances ont lieu ensemble; mais je développe aussi les vidéos comme des oeuvres autonomes. Je continue d'explorer le langage potentiel du cinéma, de la vidéo et du mouvement." J.J.

Brooklyn Bridge

1988, performance avec rétroprojection et intervention in vivo, son en direct et enregistré, vidéo Umatic (Paint Box de Quantel).

◀ 34

"La performance *Brooklyn Bridge* tourne autour d'une bande de 4 minutes montée en boucle (projetée sur grand écran) qui est répétée trois fois. Chaque fois je change le son et le mouvement de l'action in vivo, en interaction avec le son et les images de la bande. Ce qui m'intéresse est la façon dont la perception de l'image par les spectateurs est modifiée par ces activités simultanées.
Brooklyn Bridge traite d'une construction architecturale possédant des connotations mythiques et poétiques grâce à la beauté de sa forme, à son importance historique et à l'usage de sa traversée à pied. Des photos de piétons et de détails du pont sont animées par ordinateur et palette ("paint box"). Des images d'eau ensoleillée et un masque en fil métallique transparent s'y joignent en hommage visuel à l'esprit du pont. Dans mon travail graphique j'aime à juxtaposer un style de dessins plutôt primitif avec la haute technologie." J.J.

Glass Puzzle

1974, Umatic NTSC, N/B, sonore, 26'.
Conception : Joan Jonas. Image : Joan Jonas, Babette Mangolte. Montage : Joan Jonas. Avec : Joan Jonas, Loïs Lane.

"Dans *Glass Puzzle* j'examine les variations d'une installation dans laquelle une caméra fournit des images par un écran alors qu'une deuxième caméra filme les images du même écran. L'écran est un reflet

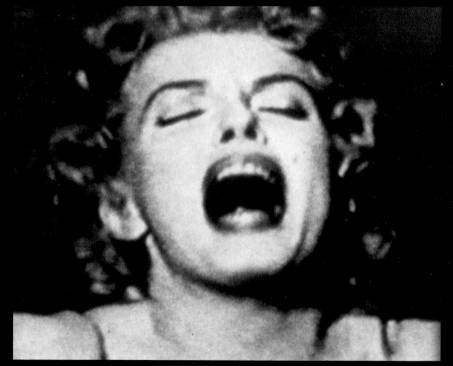

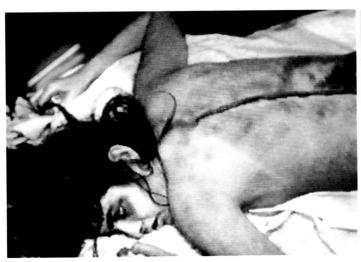

de la pièce, et ce reflet est surimprimé sur l'image vidéo. De temps en temps on aperçoit l'espace entre la caméra et l'écran.

J'ai également utilisé l'espace à l'intérieur de l'écran en créant divers lieux avec des fonds photographiques. Deux personnages entrent et sortent de ses mises en situation différentes, prenant des poses et déplaçant des accessoires pour la caméra. Je m'étais inspirée d'un livre de Belloq avec des photographies de prostituées en Nouvelle-Orléans pendant leurs moments de repos. Je voulais suggérer l'érotisme latent. Des femmes en attente." J.J.

Volcano Saga

1989, Umatic NTSC, couleur, sonore, 28'
Conception : Joan Jonas. Image : Toon Illegens. Montage : Joan Jonas, Kathy High, Robert Burden, Branda Miller. Musique : Alvin Lucier, Carl Mackenzie. Avec : Joan Jonas, Tilda Swinton, Ron Vawter. Texte : THE LAXDAELA SAGA dit par les participants.

◄ 36

◄ 35

◄ 37

La bande est inspirée d'une saga islandaise du XIII ème siècle. Les extérieurs ont été tournés en Islande en 1985 lors d'un voyage que Joan Jonas avait entrepris pour rechercher les origines de ce récit, considéré par ailleurs comme précurseur du roman. Pendant ce séjour, une "expérience lui a donné la clef pour pénétrer la saga du côté du XX ème siècle".
Par l'utilisation d'effets spéciaux, l'artiste suggère l'atmosphère hantée et magique de l'Islande et condense l'impact poétique du récit.

KAU Annebarbe
R.F.A.

Née en 1958 à Ratingen (R.F.A). Etudes d'art à Zürich, New-York, Los Angeles. Elève de Nam Jum Paik à la Kunstakademie de Düsseldorf, 1985. Ses films, bandes et installations vidéo ont été présentées en Allemagne, en Espagne, en France, aux Etats-Unis et au Canada.

"Annebarbe Kau doit être considérée comme une artiste vidéo de la troisième génération. Ses oeuvres s'attachent à un récit (rien à voir avec les coupes abruptes et l'utilisation volontaire du montage image-par-image de la fin des années 70 et débuts 80) Annebarbe Kau n'ayant rien en commun avec les gestes de refus de la période précédente.
Son oeuvre développe une forme nouvelle d'imagerie statique." Georg F. Schwarzbauer.

Kukan

1987, vidéo Umatic Pal, couleur, sonore, 7'.
Conception, image, montage : Annebarbe Kau. Participation d' Elena Alexander.

"*Kukan* (en japonais, "espace") présente un concept du phénomène de l'espace." A.K.

KAWAGUSHI Yoichiro
Japon

Né en 1952 sur l'Ile de Tanegashima au sud du Japon. Diplômé du Kyushu Institute of Design, titulaire d'une maîtrise d'art à l'Université de Tokyo. Professeur au Computer Graphics Art and Science Laboratory, Department Art, Nippon Electronic College, Tokyo.

(vidéo/ordinateur) : *Growth : Mysterious Galaxy* (1983) - *Growth II : Morphogenesis* (1983) - *Growth III : Origin* (1985) - *Ecology : Ocean* (1986) - *Ecology : Float* (1987).

Float

1987, vidéo, couleur, 5'.
Son : Katuzaka Tazaki, Himoru Takashima. Conçu pour une projection haute définition.

"Des vies primitives de l'ère paléozoïque flottent dans la mer ou bien est-ce une scène du futur après la destruction des êtres humains? " Y.K.

KEANE Tina
Grande-Bretagne

Cinéaste et vidéaste, vit et travaille à Londres. Enseigne à St-Martin's School of Art.

(Vidéos) : *Swing* (1978) - *Playpen* (1979) - *Clapping Songs* (1981) - *Bedtime Story* (1982) - *Demolition / Escape* (1983) - *In our Hands, Greenham* (1984) - *Media Snake* (1985) - *Hopscotch* (1986).
(Films) : *Shadow of a Journey* (1980) - *Hey Mack* (1982).

Faded Wallpaper

1988, 16 mm, couleur & N/B, sonore, 20'.
Conception, réalisation, montage : Tina Keane. Musique : Diamanda Galas. Avec Sandra Lahire, Rachel Finkelstein, Anna Thew. Textes : Charlotte Perkins Gilmour, Marion Milner dits par Natasha Morgan.

"Vaguement inspiré par la nouvelle de Charlotte Perkins Gilmour, *Faded Wallpaper* s'intéresse à la perception visuelle, à la folie et à la recherche d'identité. Une femme, seule dans une pièce, devient obsédée par le papier peint qui l'entoure, voyant dans les motifs fanés des images étranges, parfois agréables et séduisantes, parfois menaçantes et dangereuses. De plus en plus tourmentée par ces images, elle commence à déchirer le papier peint, soit pour les faire disparaître soit pour accéder à leur source. Des mots et des sons lui passent par la tête tandis qu'elle arrache les couches de papier, mettant en cause sa propre image, son imagination et sa santé mentale. Aucune réponse n'est donnée, seulement d'autres questions..." T.K.

KLONARIS Maria /THOMADAKI Katerina
France

Maria Klonaris : Née au Caire, Egypte. Etudes d'arts plastiques à Athènes, cinéma et arts plastiques à l'Université de Paris I. Thèse d'Etat en cours en Esthétique et Sciences de l'Art.
Katerina Thomadaki : Née à Athènes, Grèce. Etudes de lettres et de philosophie (Université d'Athènes), théâtre (Paris III), arts plastiques, cinéma, esthétique (Paris I).
D'origine grecque, Maria Klonaris et Katerina Thomadaki vivent et travaillent à Paris depuis 1975. Elles réalisent des films, des photographies, des performances, des installations et des environnements multi-média et participent à de nombreuses expositions en Europe, en Amérique du Nord, au Japon. En France : Biennale de Paris, Electra, Les Immatériaux, le Mois de la Photo... Rétrospective de leur oeuvre filmique au Musée National d'Art Moderne, Centre Georges Pompidou, en 1980 et à la Galerie J.&J. Donguy, Paris, en 1985.
Parallèlement à leur activité artistique, Maria Klonaris et Katerina Thomadaki organisent des événements (colloques, programmations) en France, en Suisse, au Canada, publient de nombreux textes et depuis 1982 collaborent avec l'Atelier de Création Radiophonique, France Culture. En 1985, elles fondent A.S.T.A.R.T.I. pour l'Art Audiovisuel - un projet interdisciplinaire (film, vidéo, nouvelles technologies, photo, son - pratiques et théories-).

La Tétralogie Corporelle (1975-1979) - *Le Cycle de l'Unheimlich* (1977-1981) - *Hermaphrodites* (1982-1986) - *Le Rêve d'Electra* (1983-1987) - *Cycle Anges et Archanges* (1985)

En 1988 parution du livre d'artiste INCENDIE DE L'ANGE (Galerie Michèle Chomette).

"Pour transposer au cinéma ce qu'Artaud disait du théâtre, il y a entre le principe du cinéma et celui de l'alchimie une mystérieuse identité d'essence. Tous les vrais alchimistes savent que le symbole alchimique est un mirage comme le cinéma est un mirage. Dans le spectre perpétuel qu'est l'image projetée, nous installons le corps, nos propres corps, dans leur matérialité. Le corps est la matière première de notre cinéma. Le corps sujet de travestissements, transformations et métamorphoses, opère la transmutation du matériel en mental et du mental en matériel. Dans l'espace corporel se consume la fusion de l'abstrait et du concret, et l'image mentale devient pensée spatialisée. C'est *un état philosophique de la matière* où l'inconscient revêt les apparences du corps, le je/dedans se manifeste comme je/dehors, le langage du corps matérialise l'imaginaire.
(...) C'est dans l'autre *camera oscura,* la salle de cinéma, que l'écran devient un objet précis et la projection, un acte physique. En maniant nous-mêmes les appareils de projection, nous créons un effet de miroir entre corps projetant et corps projeté. Par notre présence dans la salle, nous donnons corps au dispositif cinématographique et ainsi démythifions le procédé technologique qui présuppose l'absence, l'effacement physique des artistes". M.K. / K.T.

Orlando - Hermaphrodite II (du *Cycle des Hermaphrodites*)
1983. Projection multiple avec film super 8 N/B, diapositives N/B et monochromes, bande-son, 40'.

D'après ORLANDO et LES VAGUES de Virginia Woolf. Conception, réalisation, image, montage, bande son : Maria Klonaris, Katerina Thomadaki. Avec : Syn Guérin, Maria Klonaris, Katerina Thomadaki. Ingénieur du son : Michel Créis. Réalisés avec le concours des J.A.I. 1983, Paris.

"Un texte en échos, nocturne, elliptique. Des voix féminines l'énoncent. Des fragments de musiques ponctuent le rythme et suspendent les images. Le texte dit la transformation du héros en femme pendant son sommeil.
Jeux de masques inversés, travestissements, transparences des frontières des sexes. Auto-représentations.
Visions en noir et blanc troublées de magenta et de

cyan. Trames, positifs, négatifs, degrés de gris, textures de lumière.

Un dispositif composé d'écrans et de projecteurs, images fixes et mobiles, la surface de projection démultipliée.

L'eau, des arbres nus, des traînées lumineuses, un revolver, des tigres." M.K.- K.T.

KÖLGEN Claudia
Pays-Bas

(Films) : *Köpfe* (1981) - *Feuer* (1982) - *R6* (1984) - *Ricerar* (1984) - *Wende* (1985).

"La lumière, l'espace, l'image, l'écran et le langage sont les éléments qui constituent ma démarche artistique, une démarche qui comprend des films, des installations et un travail photographique. Plutôt que de traîter ces éléments d'une manière formaliste, je les utilise d'une manière métaphysique, poétique et presque abstraite, mettant l'accent sur la spécificité, non pas du support mais de l'image, l'objet, en plus de la manière spécificique dont ceux-ci sont perçus." C.K.

Ricercar

39 ▶

1984, 16 mm, N/B, sonore, 8'.
Conception, image : Claudia Kölgen. Musique : Frances Marie Vitti. Avec la participation de Frances Marie Vitti.

"Le thème de *Ricercar* est l'interférence d'un espace dans un autre. Le titre est une expression musicale qui signifie "recommencer à nouveau" et qu'interprète le violoncelle sur la bande son. Le film est un voyage à travers une usine abandonnée, mais en réalité il s'agit de deux films en un, car le centre du cadre est rempli par une autre image prise par une deuxième caméra située à un angle de 90 degrés de la première. Ainsi nous voyons les deux prises de vues qui s'interfèrent en un processus de changement continu et vertigineux. Ce qu'il nous reste est une vision de pure relativité de l'espace qui n'est pas celui, moderniste et fracturé du cubisme mais une notion de l'espace totalement conditionné et limité - qui ne propose pas le progrès mais la répétition." C.K.

KUBELKA Peter
Autriche

Né en 1934. Entre 1957 et 1960 il a réalisé trois courts-métrages "métriques" : *Adebar* (1956), *Schwechater* (1958) et *Arnulf Rainer* (1960) qui l'ont fait considérer comme un des plus importants réalisateurs d'avant-garde.

Kubelka réalise toujours des films, enseigne et donne des conférences en théorie du cinéma. Sa position théorique met l'accent sur le fait que le cinéma est un art autonome et unique, distinct de la notion commune de réalité.

(Films) : *Mosaik im Vertrauen* (1954-55) - *Adebar* (1956-57) - *Schwechater* (1957-58) - *Arnulf Rainer* (1958-60) - *Unsere Afrikareise* (1961-66).

Adebar
1956/57, 35 mm, N/B, sonore, 1'30''

"*Adebar* et *Schwechater* sont des poèmes cinématographiques très comprimés graphiquement, basés sur le montage, avec une cadence complexe de séquences très courtes de "live action film", souvent composées d'un seul photogramme. Il y a aussi une fusion du son et de l'image très réussie, tous deux utilisant la même conception graphique." Malcolm Le Grice, ABSTRACT FILM AND BEYOND.

KUNTZEL Thierry
France

Né en 1948. Etudes de philosophie, linguistique et sémiologie (séminaires de Roland Barthes et Christian Metz). Chargé de recherche, depuis 1972, au service de la recherche de l'O.R.T.F., puis à l'INA (entre autres sur le problème de la relation arts/télévision). A enseigné (sémiologie du cinéma et analyse textuelle du film) à l'Université de Paris I, à l'I.D.H.E.C., au Centre d'Etudes Américain du Cinéma à Paris et dans des universités américaines. Environnement néon au Théâtre Campagne-Première en 1976 (avec Tania Mouraud), à la Galerie Mollet-Viéville en 1977 (avec Jon Gibson et Tania Mouraud).

(Vidéos) : *Nostos I* (1979) - *Still* (1980) - *Echolalia* (1980) - *La Desserte blanche* (1980) - *Time Smoking a Picture* (1980) - *Buena Vista* (1980) - *La Peinture Cubiste* (en collaboration avec Philippe Grandrieux, 1981) - *Nostos II* (Installation pour neuf magnétoscopes synchronisés,1984) - *La Desserte noire, bleue, rouge* (en cours de montage) - *Eté* (1989).

"Presque rien. En termes de représentation, de narration, de nomination d'objets, d'actions, presque

rien. *Nostos I, Echolalia* : espaces vides, sans perspective... *Still, La Desserte Blanche, Time...* : cadres fixes d'un espace unique - porte palière, meuble sur fond de mur, pièce nue - où parfois s'inscrit un personnage, l'ombre d'un personnage. Presque rien. Ce ne fut pas délibéré, c'est venu, revenu, obscurément, obstinément, bande après bande : au montage, j'ai été contraint d'éliminer les quelques variations (...) que je m'étais réservées au tournage. Presque rien. Seul ce presque rien me permettait - permettait au spectateur - l'accès à un autre espace : celui qui travaille sous, entre les images. Autre espace : autant dire - banalité - le temps. Le temps que prend l'espace pour se constituer (*Still, La Desserte blanche*), la trace pour apparaître, s'effacer (*Nostos I*), la couleur pour varier (*Nostos I* et *Time...*) ou, par couches, se déposer (*Echolalia*), la lumière pour pulser (*Still, Nostos I* et *Time...*), le grain pour vibrer (*Still*) ou - ceci vaut pour toutes les bandes, toutes immobiles, lentes, muettes - le temps que prend le temps pour s'écouler (...)" T.K.

Still
1980, Umatic Pal, couleur, sans son, 7'

LARCHER David
Grande-Bretagne

Né à Londres en 1942. Education catholique. Etudes d'archéologie, à Cambridge 1960-62. Commence à filmer en 35 mm en 1960 et en 16 mm en 1964. Voyage en camion de 1969-74, habite la Dordogne en 1975-80, débute la vidéo en 1982 avec l'aide d'une bourse de la Fondation Gulbenkian, résidence à Berlin en 1983 de la DAAD. Hiberne à Londres.

(Films) : *Mare's tail* (1969) - *Monkey birthday* (1973-75) (Vidéos) : *EETC* (1986) - *Granny's Is* (1989).

EETC
1986, vidéo 1" C Pal couleur, sonore, 69'

"...en 1982, avec les débuts de Channel 4, je perçois un budget télé à partir d'un montage de films 16 mm réalisés entre 70 et 80. Ce film tourne autour du thème conjugal et prend pour signifiants les procédés du cinéma primitif et les mouvements élémentaires. Il est pour la plupart dérivé d'images en noir et blanc, développées à la main et tirées en couleur sur une Matipo Debrie. Six heures de ce film sont transférées en vidéo 1 pouce et, après un montage en rouleau A/B pendant 3 jours (10 heures), il en a résulté ce mixage.

Ce film incorpore beaucoup de matériel Umatic "offline". " D.L.

Monkey's Birthday
1973-75, 16 mm, couleur, sonore, 6 heures.

"Un voyage en 1973 entre l'Europe et l'Iran avec un va--et-vient d'individus membres d'associations catho/islam/ickeys dans une espèce de convoi de camions. Le tout tourné en 16 mm et passé à une tireuse Matipo Debrie à la Co-op de Londres en 1974. Beaucoup d'emploi de boucles dans le temps comme dans la technique." D.L.

Granny's Is
1989, Vidéo D1 transféré en 16 mm.
couleur, sonore, 47'.

"Le matériel du film a été réalisé dès 1981, lors de mes premières ébauches en vidéo Umatic Lowband, en collaboration avec ma grand-mère. Tout est tourné aux alentours des jours de Noël de 1982, 83, 84 dans la chambre qu'elle habitait depuis 1943.
En 1988, le BFI m'a commandité une vidéo. Je repique alors dans son journal et dans ses albums de photos et reconstitue la chambre telle qu'elle était dans une petite aquarelle qu'elle avait faite en 1945. Je tourne un week-end, seul, en betacam." D.L.

LATHAM William
Grande-Bretagne

William Latham travaille actuellement au IBM UK Scientific Center de Winchester. Membre du Graphic Applications Group, qui s'intéresse notamment à la représentation moléculaire, à la reconstruction archéologique, à l'imagerie médicale et à l'astronomie, il explore le modelage de formes solides en sculptures 3D et travaille sur l'interactivité. Ses oeuvres utilisent le graphisme par ordinateur pour créer des formes complexes, imaginaires, qu'il serait extrêmement difficile de réaliser avec les techniques traditionnelles de sculpture. Le but de son travail consiste à exécuter, à partir de codes digitaux, un arbre généalogique de formes complexes.

The Conquest of Form
1988, vidéo-ordinateur BVU Pal, couleur, sonore, 5'.
Conception, image : William Latham. Image : IBM UK Scientific Centre. Musique : Rizound Studios. Bristol

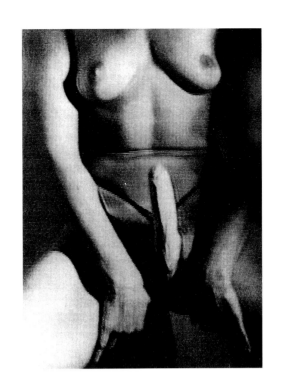

UK. Software : Peter Quarendow, Stephen Todd, R.Wilks.

"Cette vidéo présente des formes imaginaires produites par un usage créatif du graphisme-ordinateur : des sculptures digitales, taillées dans des textures solides, flottent dans l'espace et changent de formes. Ce sont des "fantômes de sculpture" dans la mesure où elles n'existent que dans l'imagination et sous forme de données. Elles ne peuvent, en effet, être touchées : révélées sur l'écran de l'ordinateur, seul le regard peut les appréhender." W.L.

LEBRAT Christian
France

Né en 1952 à Paris. A réalisé de 1976 à 1985 une dizaine de films présentés un peu partout en Europe et aux Etats-Unis. En 1983, le Musée National d'Art Moderne de Paris a présenté une rétrospective de son oeuvre cinématographique. Depuis 1978, il se consacre également à la photographie et ses oeuvres sur papier photographique sont exposées régulièrement en France et en Italie. En 1985 il a organisé et conçu le catalogue de la rétrospective "Paris vu par le cinéma d'avant-garde" (1923-1983), présentée au Centre Georges Pompidou et dans onze villes d'Europe. En 1990 il publie aux Editions Paris Expérimental la première monographie complète sur Peter Kubelka.

41 ▶

"On peut considérer *Autoportrait au Dispositif* comme un petit manifeste du cinéma Lebratien. C'est un film réalisé avec un cache mobile (l'utilisation des caches est une des caractéristiques dominantes de son cinéma) qui nous fait penser à certaines expériences du cinéma primitif. Ici, le cinéma souligne et isole certains aspects du fonctionnement du dispositif, à commencer par le rythme intermittent du mouvement, qui représente une authentique obsession formelle chez Lebrat. L'autoportrait exploite les expositions multiples et la symétrie de l'image." Stefano Masi.

Autoportrait au dispositif
1981, 16 mm, couleur, sans son, 7'.
Conception, réalisation, image, montage : Christian Lebrat.

"Le cinéaste fait défiler devant l'objectif de la caméra un ruban de papier noir perforé qui fait office de deuxième obturateur-manuel.
La même bobine de film passe 4 fois dans la caméra;

deux fois à l'endroit puis deux fois à l'envers, à droite et à gauche. Le corps éclate aux quatre coins de l'écran.
Deux miroirs placés en regard redoublent à l'infini la mise en abîme des images.
La couleur verdâtre de la pellicule périmée accentue le caractère éphémère de l'autoportrait et évoque les images usées par le temps d'avant le cinéma même."
C.L.

LE GRICE Malcolm
Grande-Bretagne

Né à Plymouth en 1940. Etudes de peinture à Slade School of Fine Arts, Londres (1961-64). Depuis 1966, ses activités se concentrent sur la réalisation de films et les performances cinématographiques. Fondateur de l'Atelier de la London Filmmakers'Cooperative, il a également publié de nombreux écrits sur le cinéma, dont l'ouvrage ABSTRACT FILM AND BEYOND (1977, Studio Vista, Londres). Actuellement, il enseigne et travaille pour le Art Council of Great Britain.

(Films) : *Berlin Horse* (1970) - *Horror Film 1* (*Shadow Perf*) (1971) - *White Field Duration* (1973) - *After Leonardo* (1973) - *After Lumière, l'Arroseur Arrosé* (1974) - *After Manet, Le Déjeuner sur l'herbe* (1975) - *Academic Still Life* (*Cézanne*) (1977) - *Sleep after Warhol* (performance, 1977).

"Depuis mon premier film - *Castle* - produit dans des conditions rudimentaires et difficiles, mon travail cinématographique a traversé trois phases inter-connectées. La chronologie n'a pas été vraiment ordonnée et ces phases n'ont pas été le résultat d'un seul programme théorique mais, en même temps, il y a eu la volonté de marquer une différence entre la pratique du film d'avant-garde et celui du cinéma commercial, narratif et illusionniste. Les trois phases de travail représentent grosso modo certaines étapes dans le développement de ce but.
La première phase est celle qui se concentre sur l'aspect matériel du film comme base du contenu : identification du celluloïd, rayures, surface mat, perforations, etc., en les intégrant dans l'image du film. La seconde phase s'est concentrée plus sciemment sur l'écran, le temps et l'espace de projection, la lampe de projection et les ombres qu'elle crée comme étant la première réalité du cinéma. La troisième phase, qui comprend le travail le plus récent, commence avec *White Field Duration* (1973) et *After Leonardo* et se

préoccupe de la manière de traiter les facteurs pré-filmiques (et, à un degré moindre, post-filmiques) du point de vue de la prééminence de la projection même. Je ne considère pas que mon travail cherche à exprimer des idées mais va plutôt vers la présentation des zones problématiques comme étant elles-mêmes un contenu expérimental." M.L.G.

Berlin Horse
1970, 16 mm, couleur, 9'.
Musique : Brian Eno (composition originale)

"*Berlin Horse* est une synthèse de plusieurs films qui examinent la transformation de l'image en la refilmant de l'écran et par des techniques complexes de tirage. Il y a deux séquences originales : un extrait des actualités anciennes et un bout de film 8 mm tourné à Berlin. La partie en 8 mm est refilmée de l'écran, par divers procédés, sur une pellicule 16 mm qui est ensuite utilisée pour une surimpression permutative et un traitement couleur au tirage. La musique est composée pour le film par Brian Eno et comme l'image, elle utilise des boucles désynchronisées." M.L.G.

LEMAITRE Maurice
France

Né en 1926 à Paris. Prépare d'abord l'Ecole Nationale des Arts et Métiers et celle des Travaux Publics. Participe à la Libération de Paris. Commence une licence de philosophie à la Sorbonne. En 1949, entre au mouvement Libertaire et écrit dans le journal de ce mouvement. Au début de 1950, rejoint le groupe Lettriste et crée simultanément deux revues : "Front de la Jeunesse" et "Ur". Depuis, activité de poète, de romancier, de pamphlétaire, de plasticien, d'acteur *(La Vampire nue)*, autant que de cinéaste. Rédacteur en chef de la revue "Paris-Théâtre" à partir de 1957. Fonde en 1961 un club de théâtre : Théâtre Neuf. En 1967, monte un café-cinéma et se présente aux élections. Après 1968, soutient une thèse de doctorat d'Etat sur travaux. A enseigné à l'Université de Paris Saint-Charles.

(films) : *Le film est déjà commencé ?* (1951) - *Un soir au cinéma*, suivi de *Pour faire un film* (1962-1963) - *Une oeuvre* (1968) - *Le soulèvement de la jeunesse en Mai 68* (1969) - *Un navet* (1975-1977) - *The Song of Rio Jim* (1978) - *Nada ! Le dernier film* (1978) - *Une histoire d'amour* (1978) - *Un film commercial et militant* (1979).

Une Histoire dAmour
1978, 16 mm, couleur, sonore, 8'.

"Il y a eu des films innombrables plaçant la musique synchronique sur des images figuratives, et aussi sur des images abstraites (depuis les oeuvres de Painlevé à celles de MacLaren).
J'ignore s'il y a eu des films plaçant, sur des images abstraites, de la musique en diachronie totale (mais il ne doit pas y en avoir des masses, et en tout cas pas d'une manière systématique et explicite, dans une oeuvre intégralement dédiée à ce système).
J'ai voulu pour la première fois, ce me semble, réaliser un film intégral qui placerait de la musique, des bruits signifiants et non-signifiants et des paroles sur des images dessinées, et cela sans synchronisme aucun avec ces images, à aucun niveau (rythme, atmosphère, etc.)." M.L.

LÜBBERT Kerstin
R.F.A.

Née en 1966. N'a jamais fréquenté d'école de cinéma.

Fly Mean (1989) est son premier travail. Il a été présenté au European Media Festival, Osnabrück, en 1989.

"Que ce soit en film ou en vidéo, je m'intéresse à la sexualité - toute sorte, tous sexes." K.L.

Fly Mean
1989, VHS, couleur, sonore, 6'20". Conception, image, montage : Kerstin Lübbert. Musique, son : musique de chambre. Avec R.O.Schwartz.

"Un lit, un homme, une chambre. Un rêve. Une femme?" K.L.

LUBLIN Léa
France

Née en Argentine. Vit et travaille à Paris depuis 1964. Artiste multi-media. Lauréate d'une bourse de recherche en arts visuels de la Fondation Guggenheim de New-York pour l'année 1984-85. Depuis 1977, elle enseigne à l'U.E.R. d'Arts Plastiques et Sciences de l'Art de l'Université de Paris I - Sorbonne.
Depuis 1965, elle poursuit à travers des expositions, des actions et des installations, avec des moyens

chaque fois renouvelés, un travail artistique sur les structures visuelles de la représentation, de la perception de l'image et celle de l'histoire de l'art. Elle utilise les multimédia, les supports traditionnels ou les nouveaux supports technologiques et réalise une oeuvre sur ordinateur commanditée par le Ministère de la Culture. Ses oeuvres figurent dans de nombreuses collections privées et publiques.

"... L'articulation des systèmes de l'art contemporain et des fonctionnements de certains modèles de l'art (du passé) me permet la création d'ensembles ouverts afin que ce qui était auparavant pure visibilité devienne lisibilité du sens de l'oeuvre. En dévoilant l'espace des souvenirs enfouis et les caches qui recouvrent l'histoire de l'art, je propose de voir dans la peinture l'histoire des pulsions qui travaillent le corps (du peintre) et la mémoire de ce corps, ainsi que les rapports qu'ils entretiennent avec l'espace des désirs et l'espace des refoulements... " L.L.

LYE Len
Nouvelle-Zélande

Né en 1901 en Nouvelle-Zélande. Il part pour l'Angleterre en 1926, où il achève son premier film, *Tusalava,* en 1929. A partir de 1935, grâce au G.P.O. (P.T.T. britannique) il réalise de nombreux films. Il émigre aux Etats-Unis en 1944, où il poursuit son oeuvre cinématographique et réalise des sculptures cinétiques, constructions et peintures, dont la préoccupation essentielle reste l'idée du mouvement. Il revient en Nouvelle-Zélande en 1977, à l'occasion de l'exposition consacrée à ses sculptures et à ses films à la Galerie Govett-Brewster, de New Plymouth. Len Lye est mort le 15 mai 1980 à Warwick, dans l'Etat de New-York.

(Films) : *Tusalava* (1929) - *Colour Box* (1935) - *Kaleidoscope* (1935) - *Rainbow Dance* (1936) - *Trade Tattoo* (1937) - *Color Cry* (1952) - *Free Radicals* (1958) - *Particles in Space* (1979) - *Tal Farlow* (1980)

"Len Lye est connu pour avoir réalisé le premier film dessiné à la main dès 1921.
La réputation innovatrice de Lye ne dépend pas seulement de son utilisation de la peinture à la main directement sur celluloïd transparent mais aussi de ses réalisations avec cette technique. Son apport le plus important relève aussi d'un autre aspect de ses expérimentations, le développement de procédés de tirage qui permettaient l'exploitation de nouvelles possibilités de film en couleurs.
Lye a réalisé qu'il était possible de transformer des séquences in vivo et en couleur et dans leur rapport avec l'arrière-plan afin de les traiter comme des éléments graphiques, comme des formes abstraites, non-figuratives." Malcolm Le Grice, ABSTRACT FILM AND BEYOND.

Colour Box
1935, 16 mm, couleur, sonore, 4'.
Musique : "La Belle Créole" par Don Baretto et son orchestre cubain.

"Rejetant les procédés du dessin animé que Richter et Eggeling avaient utilisés pour faire leurs films, il devint le premier cinéaste à peindre directement sur la pellicule... La texture filmique ne fut plus limitée aux objets ou aux formes en noir et blanc (ou colorées comme chez Fischinger). Différents types de peintures et différentes densités dans l'application de la couleur pouvaient constituer l'essence de l'image filmée. Lye ne donna pas congé à la forme : *Colour Box* contient des formes géométriques mouvantes, librement dessinées. Mais, ici, pour la première fois, la décision d'utiliser ou de ne pas utiliser la forme devint aussi arbitraire que l'était devenue l'utilisation de la profondeur une décennie plus tôt." P.A. Sitney

Trade Tattoo
1937, 16 mm, couleur, sonore, 5'.

"Dans *Trade Tattoo* il mêla les techniques de la peinture à la main et du montage de photographies fortement contrastées dont la couleur résultait d'une unique opération de décomposition de la couleur. Il était venu au cinéma par le biais de l'art cinétique, et il chercha à cerner l'essence même du cinéma dans la métamorphose ininterrompue d'images colorées, et le découpage de scènes réelles. C'est la synthèse de ces deux tactiques qui donna *Trade Tattoo*." P.A. Sitney

MAITLAND-CARTER Kathleen
Grande-Bretagne

Cinéaste canadienne, vit et travaille à Londres.

"Le film féministe a été une déconstruction critique des images culturelles des femmes et des rapports de force qui assurent leurs (re)productions. Les féministes ont été placées dans une position de réaction par rapport à un système qui consomme l'image de la femme de manière si désobligeante.

D'une certaine façon, cette "autre" image de nous-mêmes a rendu négatif notre propre regard (sur nous-mêmes) et nous empêche de nous voir, par exemple, telles que nous l'aimerions peut-être, avec nos propres fantasmes. Il est difficile d'imaginer exorciser totalement ces images culturelles sexistes et odieuses (homophobiques, racistes et arrogantes) sans qu'aient eu lieu les transformations sociales et politico-économiques correspondantes mais, ce qui est peut-être envisageable, même à l'intérieur du climat social, politique et économique actuel, serait de commencer à comprendre notre tempérament sexuel et la "nature" de nos désirs." K.M .C.

Desire Drives Her Car

1988-89 Super 8 & 16mm N/B sonore 10'
Conception, réalisation, image, montage : K. Maitland-Carter
Musique : Link Wray, K. Maitland-Carter
Participants : Stevie, Susan Ritcher

"Tourné à Yonge Street, Toronto, la capitale canadienne de la drague; montage effectué à Londres.
Une incursion Nord Américaine dans la culture des automobiles et son (manque de) rapport avec la sexualité féminine. "Kustom Kar Kommandos" dans un contexte canadien de désir constant." K.M-C.

MALTZAN Gudrun (von)
France

Née en 1941 en Allemagne. Etudes de dessin et d'illustration de mode à Berlin et de scénographie à l'Académie des Beaux-Arts, Munich. Séjour en Tunisie. Enseignante à l'Ecole des Beaux-Arts de Tunis. Retour en France.
Vit et travaille à Paris comme chargée de cours à l'Université de Paris VIII et artiste plasticienne et scénographe.
Scénographe régulière du groupe de musique expérimentale ATEM rassemblé autour de Georges Aperghis à Bagnolet. Depuis 1988 oeuvres sur palette graphique. Nombreuses expositions en France et à l'étranger, dont : Ateliers 81-82, Musée d'Art Moderne Paris (ARC) - Electra, Musée d'Art Moderne, Paris - Cosmic Iconoclasm, JCA, Londres - Galerie Viviane Esders, Paris - World Wide Video Festival, La Haye, Hollande.

"C'est la volonté d'expression qui caractérise le travail de Gudrun von Maltzan et non l'appropriation constante d'une technique. Photo, dessin, gravure et palette graphique contribuent par leur mise en relation concrète, ou leur destruction réciproque, à la constitution de son univers plastique et imaginaire. C'est, par ailleurs, en liaison constante avec la vie quotidienne, les images et les objets quotidiens que Gudrun von Maltzan réalise la mise en scène de ses oeuvres. Un monde d'échanges perpétuels entre notre vision commune et l'intervention volontaire du désir poétique : singularisé encore il y a quelques années par la fiction, et davantage maintenant par la métamorphose des objets eux-mêmes, la mise en question de leur représentation, ou l'ambiguïté de leur support matériel : à la fois une transgression des catégories techniques, une critique culturelle moderne, et un lyrisme autobiographique; et, de façon plus essentielle, un sens inné de l'invention poétique." Michel Troche.

Des Histoires Naturelles

(1er épisode)
1988, vidéo-ordinateur, Umatic Pal, couleur, sonore, 3'.
Réalisation, scénario, image : Gudrun von Maltzan.
Montage : Olivier Kurzer. Son : François Libault.
Musique : Extrait de "Conversation" de Georges Aperghis. Fait sur palette graphique "Grace".
Production : CNAP.

Des Histoires Naturelles

(2ème épisode)
1988, vidéo-ordinateur, Umatic Pal, couleur, sonore, 3'.
Production : Festival des Arts Electroniques de Rennes, CNAP.

"Métamorphose à partir de figures qui se dévorent l'une l'autre. A partir d'une image ancienne dont les figures sont modifiées par glissement est posée, en un étonnant raccourci, la question de la transformation des constituants de l'image dans l'histoire de l'art au XIXème et XXème siècle." G.v.M.

MARTI Stéphane
France

Né en 1951 à Alger. Etudes d'Arts Plastiques, d'Esthétique et Sciences de l'Art. En 1977, à Poitiers, assure la conception cinégraphique de *Close up*, opéra électro-acoustique d'André Almuro. Voyage en Australie (1977-78). Un des principaux cinéastes du

mouvement corps, orienté vers le film opéra. Outre son activité de cinéaste, enseigne, peint ou fait des dessins animés pour la télévision.

(Films) : *Icosaedre* (1974) - *Corpress* (1975) - *In Contextus* (1976) - *Ladyman* (1976) - *La Cité des neuf portes* (1977) - *Ora pro nobis* (1980) - *Diasparagmos* (1981) - *Images noires* (1982) - *Climax* (1983).

"(...) *Stephanesthaï*, chez Homère, veut dire : entourer, se déployer autour. Cela se dit d'une armée. Et c'est vrai: dans ses films, Marti se démultiplie et devient une armée de voyeurs légers autour de ses proies. Le super 8 seul permet ces prouesses d'abeille. (...) Marti donne d'un être, d'une scène, d'un événement, une série de plans assez brefs, souvent interrompus avant leur achèvement naturel, avec, de l'un à l'autre, une légère progression. Et ainsi, de plan en plan, chacun raccordé au suivant dans le mouvement ou par de subtiles analogies, fait-on bientôt *le tour* de ce qu'il y a à voir. Couronne d'image. (...) Avec une rigueur rare, il avance tranquillement dans l'espace de ses désirs ou de ses visions, frôlant sans cesse, de plus ou moins près, outre le sentier de la danse, le sentier du récit. (...) A sa manière, éclatante quoique retenue, sensuelle mais pudique, glissante, un peu sucrée, baroque. Stéphanienne (...)." Dominique Noguez.

Ora Pro Nobis

1980, Super 8, couleur, sonore, 30'.
Conception, image, montage : Stéphane Marti. Bande son : Berndt Deprez. Avec la participation à l'écran de : Alooal, Berndt Deprez, Eric Bossé, Michèle Teyssier.

"Rituel profane, gestuelle lente, répétitive, sensuelle à l'intérieur d'une boîte magique, lieu clos et intime où s'offre encore et encore le sacrifice de Saint Sébastien." S.M.

Climax

1983, Super 8, couleur, sonore, 10'.
Conception, image, montage : Stéphane Marti. Bande son : Berndt Deprez. Avec la participation à l'écran de : Violette Lequere, Eric Bossé, Mariana Gordovona, Michèle Teyssier.

"Ballet frénétique pour corps et caméra autour d'un couteau." S.M.

MATTHEE Jean
Grande-Bretagne
Etudie les Beaux-Arts à Londres. Chercheur au Royal College of Art depuis 1987.

(films) : *Double Doors* (1981) - *Still Life* (1981) - *Next Door* (1982) - *Mother as Monroe* (1983-85) - *Neon Queen* (1986) - *The Descent of the Seductress* (1987) - *Rending* (1989).

The Descent of the Seductress

1987, 16 mm, couleur, sonore, 11'.

"L'hystérie est un mode d'expression visuel qui incite à un traitement spectaculaire. L'hystérie est un silence qui parle. Les hystériques ont découvert un moyen de mettre en représentation l'inconscient féminin. (...) Par l'intermédiaire du masque, la souffrance hystérique peut se transformer en une forme de féminisme. Par l'intermédiaire du masque, le corps de la femme en tant que représentation, s'affiche tout en étant maintenu à distance. (...)
Dans *The Descent of the Seductress*, le masque est utilisé pour transformer la souffrance hystérique en art. Au moyen de la manipulation de la matière, des signifiants filmiques : structures rythmiques, surimpressions, cadrages répétitifs, mouvements de caméra, densité, grain, couleur et lumière... , le film tente d'activer les signifiants exilés et aliénés de la "femme" qui n'est pas encore mais dont l'altérité rompt, déplace les réflexes conditionnés du sujet spectateur et s'efforce, par là-même, de générer de nouvelles structures symboliques et de nouvelles attitudes du sujet." J.M.

MAZIERE Michael
Grande-Bretagne

Etudes de photographie à Trent Polytechnic et de cinéma au Royal College of Art. Ex-programmateur à la London Filmmakers' Coop, rédacteur à "Undercut Magazine" et "Independent Media". Actuellement responsable de la distribution à London Video Access.

(Films) : *A Sentimental Journey* (1978) - *Clear Cut* (1979) - *Untitled* (1980) - *Colour Work* (1981) - *Silent Film* (1982) - *Skylight* (1983) - *Image Moment* (1984-85) - *The Bathers Series : Les Baigneurs* (1986) - *Swimmer* (1987) - *Cézanne's eyes* (1982-88).

The Bathers. Series II : Swimmer

1987, 16 mm, couleur, sonore, 8'.
Conception, réalisation, montage, musique : Michael Mazière.

"*Bathers Series* est une série de courts-métrages inspirée à l'origine par les études de Paul Cézanne pour le tableau "Les Baigneuses". A partir de cette idée la série s'est développée, tout comme le ferait une série de peintures ou une symphonie musicale, dans des mouvements différents. Chaque "mouvement" se penche sur un thème particulier, traitant un sujet et un procédé esthétique spécifiques.
Swimmer II considère l'acte de natation comme expérience émotionnelle subjective. Empruntant au psychologique et au symbolique, le film crée un événement où la peur et le plaisir entremêlés coexistent. Un film placé au point de jonction de la spéculation formelle et de la distanciation psychologique. "Car la réalité du corps est une image en mouvement fixée par le désir" Octavio Paz." M.M.

MELITOPULOS Angela
R.F.A.

Née en 1961 à Munich. Depuis 1981, fait des films, des bandes-vidéo et de la photo.
Ses travaux sont présentés, depuis 1986, dans de nombreuses manifestations en R.F.A., en France et au Québec.

(Vidéos) : *Above and Below Ground - Aqua Sua - Videopaintings - Mi Ricordo al Paradiso Perduto - Les Machie Nese di Porta Marghoa - 8 minutes à Prague.*

Aqua Sua

1987, Umatic Pal, couleur, sonore, 12'.
Conception, réalisation, montage, son : Angela Melitopulos. Musique : Winnie Mathias.

"Venise est aussi appelée la "grande mère".
Un corps dans lequel l'eau semble être l'âme de la ville.
Venise fit sur moi l'effet d'un antre de récits et de rêves.
Je me sentis engloutie par son attraction.
La dégradation, la morbidité, le délabrement accompagnés d'une beauté et d'une fugacité menaçantes me conduisirent dans un monde où le temps devint palpable.

Je m'y plongeai et m'échappai comme dans un courant." A.M.

Prag - 8 Minuten in 88

1988, Umatic Pal, couleur, sonore, 8'.
Conception, réalisation, montage : Angela Melitopulos.
Son : Angela Melitopulos, Stephan Massimo.

"Très tôt le matin du 1er mai (fête du travail), les habitants de Prague se rassemblent sur la "Letna" (place du socialisme) et attendent le début de la célébration...
Une vidéo filmée à hauteur de la hanche des spectateurs." A.M.

MOLNAR Vera
France

Née en 1924 à Budapest, elle vit à Paris depuis 1947. Après des études classiques aux Beaux-Arts de Budapest, elle débute dans la peinture abstraite, géométrique-systématique.
Elle travaille depuis 1968 sur ordinateur et a fondé à Paris le groupe "Art et Electronique". Elle a exposé dans les grandes capitales européennes et publié des "livrimages", 1% DE DÉSORDRE; 36 CARRÉS, 8928 QUADRILATERES, GÉOMÉTRIES DU PLAISIR. Travaux dans divers musées et collections. Chargée de cours à l'U.E.R. Arts Plastiques et de Sciences de l'Art, Université de Paris I.

"Dès que le peintre se sert d'un ordinateur, l'image naissante cesse d'être un amas de formes et de couleurs inconnues ou mal définies, mais devient une matrice de milliers de points distincts discontinus, quantifiés. La position spaciale et les valeurs colorimétriques de ces milliers de points sont parfaitement définis et numérisés.
Le peintre exerce ainsi un contrôle sur chacun d'eux, il peut modifier à tout moment la valeur d'un seul, de plusieurs ou de la totalité. Il peut ainsi faire apparaître sur un écran d'innombrables approches successives : des esquisses, pour employer le terme consacré par l'histoire de l'art. Procédant par de tous petits pas il peut cerner en finesse l'image de ses rêves. Sans l'assistance d'un ordinateur, il n'aurait jamais pu matérialiser aussi fidèlement une image qui n'avait d'existence auparavant que dans son imagination. Cela peut sembler paradoxal : la machine que l'on dit froide et inhumaine aide à réaliser ce qu'il y a de plus

subjectif, de plus insaisissable, de plus profond dans l'homme. " V.M.

NEDJAR Michel
France

Né à Soisy-sous-Montmorency, en 1947. Vit et travaille à Paris.
Premiers films : *Souvenirs de vacances* (1964 et 1965). Aborde le cinéma expérimental avec *Le gant de l'autre* (1977). Membre du groupe de cinéastes "Métro barbèsrochechou-ART" (1980). Acteur dans les premiers films de Teo Hernandez (dès 1970).
Peintre et sculpteur : expositions à Paris (1978), Londres (1979, 1987), Lausanne (1980), New York (1986-87). Membre fondateur du premier Musée d'Art Brut en France, l'Aracine (1982).

(Films) : *Le gant de l'autre* (1977) - *La Tasse* (1977) - *Angle* (1978) - *Gestuel* (1978) - *Ailes* (1979) - *Sur Graal de T.H.* (1980) - *Capitale-paysage* (1982-1983) - *Journal respiratoire d'une durée indéterminée* (1985) - *Strip-tease, le grain de la peau* (1986).

" Ma démarche : passer du grain de la peau aux étoiles." M.N.

Angle
1978, Super 8, N/B, sans son, 9'48".
Conception, réalisation, montage : Michel Nedjar. Avec la participation à l'écran de : Teo Hernandez, Gaël Badaud.

"*Angle*, avec ses brefs plans noir et blanc, presque toujours en plongée et en oblique, de corps ou de partie de corps nus, est un film de la brisure. Des ponctuations d'amorce noire morcellent la continuité filmique, isolant des sortes d'instantanés ou de brefs mouvements furtifs : roulement du corps sur lui-même, heurt contre l'autre ou chute, ces chutes terribles, à pic, comme un évanouissement. (...) Souvent, ces mouvements sont répétés et les acteurs semblent alors les descendants des bonshommes de Muybridge égarés dans une pièce blanche. A la fin - c'est le plus long plan du film - dans un angle de la pièce, un des deux acteurs reste accroupi, se cachant les yeux dans les mains. Puis l'angle réapparait, vide." Dominique Noguez

NEKES Werner
R.F.A.

Né en 1944 à Erfurt. En 1967, co-fondateur de la coopérative des cinéastes de Hambourg, du Festival du cinéma alternatif, du Hamburger Filmschau. A développé en 1971 la "Kiné-Theorie" qui définit la plus petite unité de l'articulation cinématographique. Professeur de cinéma depuis 1970 à Hambourg, Wuppertal, Offenbach. Séminaires et rétrospectives du Japon au Canada, de l'Argentine à la Suède.
Il présenta en 1984 dans son film *Cinemagica* sa collection privée sur le pré-cinéma qui réunit tous les principes de représentation de l'espace et du temps.

(Films) : depuis 1965, environ 50 courts métrages et 12 longs métrages, dont : *Jüm-Jüm* (1967) - *T.Wo.Men* (1972) - *Diwan* (1973) - *Makimono* (1974) - *Photophtalmia* (1975) - *Mirador* (1978) - *Hurrycan* (1979) - *Uliisses* (1982) - *Cinemagica* (1984)

"La définition syntaxique de la plus petite unité de l'information filmique comme "Kine", la troisième image, celle qui naît dans la tête du spectateur, sur la base de la fusion de deux images et de leurs différences minimales jusqu'à maximales, nous permet de décrire et de reconnaître le film en tant que film et non en tant que littérature. La portée de l'articulation cinématographique s'étend du phénakistocope au thaumatrope. L'ordinateur nous facilite le travail tant en ce qui concerne la mise en forme de l'espace-image que la compression de l'espace et du temps.
Des films tels que *Jüm-Jüm* (1967) anticipaient déjà sur les possibilités du cinéma au niveau de la représentation du temps. Ce sont ces mêmes possibilités que j'ai pu, à partir de 1978, rendre plus facilement, en créant un obturateur sur ordinateur capable de segmenter le temps comme par exemple dans *Mirador* (1978), *Hurrycan* (1979), *Uliisses* (1982); le montage pouvait alors avoir lieu à l'intérieur de la caméra en train de fonctionner. L'ordinateur permettait en outre de libérer le cinéma de cette contrainte qu'est la reproduction de la réalité. *Amalgam* (1976) offrit au cinéma la possibilité d'accéder à une multiplicité des formes, réservée jusque-là à la peinture." W.N.

Amalgam
1975-76, 16 mm, couleur, sonore, 30'.

"Knoten" : Première partie d'*Amalgam*. Un film pointilliste sur les rapports temps/mouvement.

43

Uliisses
1982, 16 mm, 94'.

NELSON Gunvor
U.S.A.

Née en Suède, Gunvor Nelson vit et travaille en Californie. Depuis 1965, d'abord en collaboration avec Dorothy Wiley, puis seule, elle réalise de nombreux films et devient une figure importante de la génération des femmes-cinéastes qui émerge aux Etats-Unis dans les années 70.

(films) : *Schmeerguntz* (1966, coréalisation Dorothy Wiley) - *Fog Pumas* (1967) - *Kirsa Nicholina* (1969) - *My Name is Oona* (1969) - *Five Artists Billbobbillbillbob* (1971) - *Take Off* (1972) - *One of the Same* (1973, coréalisation Freude) - *Moons Pool* (1974) - *Trollstenen* (1976) - *Before Need* (1979, coréalisation Dorothy Wiley).

"Alors que certaines cinéastes commencent à explorer sciemment les relations des femmes avec la société, Gunvor Nelson plonge en elle-même et rapporte des trésors personnels brillant d'une signification universelle. Tous ses films révèlent à eux seuls bien plus d'aspects de la femme et des femmes qu'aucun autre à ma connaissance. En se fiant à ses propres visions, puis en les explorant, elle est allée au-delà de l'image sociale de la femme pour gagner quelque profonde région de l'expérience féminine."
Robert Di Matteo

My Name is Oona
1969, 16 mm, N/B, sonore, 10'. Conception, réalisation, image, montage, son : Gunvor Nelson. Avec : Oona Nelson.

"Par son intimité avec la nature, *Oona* évoque des légendes qui atteignent, par delà son existence individuelle, au large réservoir du mythe féminin. Chevauchant à travers une forêt sombre, emportée dans le tourbillon de ses cheveux blonds, elle fait penser à ces autres cavalières blondes de la mythologie nordique, aux Walkyries. Cette image, peut-être suggérée à Gunvor Nelson par son propre héritage scandinave, nous rappelle que, pour la femme primitive, il n'existait pas de contradiction entre la beauté et la force ni entre la féminité et le pouvoir."
June M.Gill.

O'NEILL Pat
U.S.A.

Vivant et travaillant à Los Angeles, Pat O'Neill est reconnu comme le spécialiste de la tireuse optique. Il développe depuis 1963 des techniques de traitement de l'image filmique au stade du développement et du tirage. Incrustations, effets oscilloscopiques et colorisations font partie de son vocabulaire. Son oeuvre a été montrée au Centre Georges Pompidou à Paris, à l'Université de la California à Los Angeles, à l'Innis Film Society et au Millennium Film Workshop.

(Films) : *Screen* (1968) - *Saugus Series* (1974) - *Sidewinder's Delta* (1976) - *Foregrounds* (1978) - *Let's Make a Sandwich* (1982) - *Runs Good*

"La tireuse optique est, en termes très simplifiés, une combinaison du projecteur et de la caméra, qui est utilisée pour des fondus, des arrêts sur image, des ralentis, etc. Employée par des cinéastes, elle peut produire des compositions mouvantes aussi tendues et complexes que les compositions statiques de la peinture ou du collage.
L'oeuvre de Pat O'Neill succède à l'utilisation spectaculaire par Len Lye du "travelling matte" mais les résultats des techniques prodigieuses du tirage de Pat O'Neill ont tendance à maintenir un caractère fondamentalement graphique - une forme complexe de montages de l'image ou une combinaison qui sépare l'image finale de sa source et du procédé."
Malcolm Le Grice - ABSTRACT FILM AND BEYOND.

Easy Out
1971, 16 mm, couleur, sonore, 9'.
Conception, réalisation, image, montage : Pat O'Neill

PETIT Valérie
France

Née le 2 avril 1964 à Paris. Etudes à l'école des Beaux-Arts et à l'Université de Paris I - Arts Plastiques (Maîtrise, D.E.A.).
Expositions collectives à Paris, au Musée d'Art Brut, à "La Fabuloserie", dans l' Yonne, et à Santiago du Chili.

Anubis Nout (Deux pièces pour clarinette et contrebasse en si bémol)
1988, Super 8 couleur & N/B, sonore, 10'.
Conception, réalisation, montage : Valérie Petit.
Musique : Luc Ferrari et Penderecki

"Film constitué de diapositives projetées manuellement sur une porte en fondus enchaînés. Diapositives de corps, de corps reprojeté sur lui-même et de peau peinte projetée sur des corps. Participation d'un mannequin androgyne." V.P.

PHOCA Sophia
FGrande-Bretagne

Née à Athènes, Grèce en 1962. A vécu à Rome. Actuellement vit et travaille à Londres. Etudes à King's College (grec moderne et philosophie) et à Saint-Martin's School of Art. Arts plastiques, film et vidéo. Oeuvres présentées à la télévision hollandaise, au Festival International du Film Indépendant de Tokyo, au London Film Festival.

(Films) : *The Bee and the Honey pot* (co-réalisé avec Sarah Turner, 1988) - *An Image of Beauty in the Most Profound Distortion* (1989).

"Pendant les trois dernières années j'ai beaucoup travaillé le cinéma. Ceci, en partie, à cause du plaisir que j'éprouve à manier le film et à être concernée intimement par la création d'un film mais aussi, en partie, parce que je n'ai pas encore éprouvé la nécessité d'utiliser la technologie vidéo/ordinateur." S.P.

An Image of Beauty in the Most Profound Distortion
1989, 16 mm, N/B, sonore, 10'.
Conception, réalisation, image, montage, son : Sophia Phoca. Avec la participation de Sophia Phoca.

"L'ombre, qui devient monument dans ce film, existe en tant qu'expression métaphorique des orthodoxies. Cette image suggère le christianisme, la discipline, l'ordre et la maîtrise. Le monument se donne comme bastion de la vérité, de la réalité et du langage mais l'ombre en même temps se donne comme le reflet incessant du soi qui est transformé, dissous et déplacé, pour révéler ses formes innombrables.

Le film a une forme très stricte et est construit d'une manière précise. Il est divisé en trois sections, chacune d'un peu plus de trois minutes. Chaque section comporte la même image traitée de façon différente." S.P.

PORTER John
Canada

Né à Toronto en 1948. John Porter est un réalisateur et un artiste prolifique qui travaille actuellement presque exclusivement en Super 8. Sa caméra comporte un intervallomètre automatique et un obturateur qui peut rester ouvert en permanence. C'est l'instrument parfait pour expérimenter ce qu'il appelle ses "deux idées les plus anciennes : animation-dérision et effacement de l'image par la durée de l'obturation."
Porter a produit deux importantes séries de films : *Porter's Condensed Rituals*, où il exploite les possibilités d'animation de sa caméra et *Camera Dances*, dans laquelle il se sert de la légèreté et de la mobilité du Super 8.

(Films) : Auteur de plus de 200 films, dont : *Santa Claus Parade* (1976) - *Tartan Tattoo* (1978) - *Amusement Park* (1978) - *Fairies* (1978) - *Cinefuge* (1979) - *Angel Baby* (1979) - *Firefly* (1980) - *Down On Me* (1980) - *Drive-In Movies* (1981) - *Royal Wedding* (1981) - *Animal in Motion* (1981) - *Calendar Girl* (1981) - *On the Waterfront* (1982) - *Wallpaper Series* (1983).

Angel Baby
1979, Super 8, couleur, sans son, 2'. Conception, réalisation, image, montage : John Porter.

"Le réalisateur reconnaît sa dette envers Norman McLaren qui lui a donné l'idée d'*Angel Baby*. Dans ce film il imagine ce que ce serait de pouvoir voler." J.P.

Down On Me
1980, Super 8, couleur, sans son, 4'

"*Down On Me* est une combinaison de plusieurs sensations qui influent sur mes films : le vol, la profondeur, la vitesse et le vertige.
Je voulais me filmer du point de vue d'une caméra en chute libre, alors j'ai lancé, en l'attachant à un petit parachute, une caméra, simple et légère, tournant à la vitesse habituelle. Quand elle est retombée, je n'ai pas pu rester dans son champ et le film obtenu était trop flou et abstrait.
J'ai donc acheté une solide canne à pêche et j'ai attaché le fil à ma caméra automatique filmant à une image par seconde. Quelqu'un s'est tenu avec la canne en haut des toits, des ponts et des escaliers et

lentement il a fait descendre et remonter la caméra tandis que j'attendais posément en bas.

Ce film continue d'augmenter au fur et à mesure que nous trouvons de nouveaux sites de tournage" J.P.

RAY Man
U.S.A.

Né à Philadelphie en 1890, Man Ray a été avec Marcel Duchamp et Francis Picabia une des figures les plus importantes du mouvement Dada.
Photographe, cinéaste, sculpteur, écrivain, peintre, c'est lors de son premier séjour à Paris (1921-1940), au cours duquel il fréquente les surréalistes, qu'il réalise ses films.
Man Ray est mort à Paris en 1976.

(films) : *Le Retour à la raison* (1923) - *Emak Bakia* (1926) - *L'Etoile de mer* (1928) - *Le mystère du Château de Dés* (1929) - *Essai de simulation de délire cinématographique* (1935, en collaboration avec André Breton et Paul Eluard; non achevé) - *Autoportrait* (1936).

44 ▶

"Tous les films que j'ai réalisés ont été autant d'improvisations. Je n'écrivais pas de scénario. C'était du cinéma automatique. Je travaillais seul. Mon intention était de mettre en mouvement les compositions que je faisais en photographie (...) mais il ne m'intéresse pas de faire de la "belle photo" au cinéma." M.R.

Le Retour à la Raison
1923, 35 mm, N/B, sans son, 5'.

"*Le Retour à la raison* a été tourné (plutôt impressionné) en une seule nuit, la veille de la soirée où il a été projeté. Man Ray, dans le but de choquer et de scandaliser par la négation de tout ce qui se faisait jusqu'alors, filma les mouvements d'une spirale en papier qu'il nommait "abat-jour" et qui est le premier mobile (bien avant Calder) et parsema la pellicule vierge d'épingles et divers objets usuels tels que boutons et allumettes qui impressionnèrent la pellicule de telle façon qu'à la projection, on avait l'impression d'assister à une curieuse chute de neige métallique. Un corps de femme nue et des lumières de foire sont les seuls éléments concrets de ce film, qui, par sa nouveauté et par sa volonté de détruire le "spectacle" cinématographique, provoqua un des plus grands scandales de l'histoire dadaïste." Ado Kyrou.

RETTIG Maija-Lene
R.F.A.

Née en 1962 à Tampere, Finlande. A partir de 1981, études d'anglais et d'art à l'Université de Bielefeld (R.F.A). Depuis 1983, suit des cours et ateliers de cinéma à Brunswick. Membre fondateur de l'association de location du super-8 "Alte Kinder" pour qui elle organise les tournées des films en Grande-Bretagne et en Allemagne. Participe également à l'organisation des Journées du films d'avant-garde de Bielefeld.

(Films) : nombreux films super 8 de 1982 à 85 - *Rosenrot* (1985-86) - *Take Courage* (1986-87) - *Die Unsichtbaren Kinder* (1987) - *Die kleine Tod* (avec Berndt Böhm, 1988).

L'Appesa-Die Gehängte
1988-89, 16 mm, couleur & N/B, sonore, 30'.
Conception, réalisation, montage : Maija-Lene Rettig. Assistants à la réalisation : Bernd Böhm, Lorella Tola. Musique, son, mixage : Bernd Böhm et Volker Schönwart. Textes écrits et lus par Lorella Tola. Film produit avec le Concours de la Fondation pour la Culture et la Gestion du Cinéma du Land NRW.

"*L'Appesa-Die Gehängte* (les pendus) : des sensations, des émotions, des conflits, des blessures. Si je pense à mon film en termes de corps humain il a plus à voir avec les organes internes ou les sécrétions qu'avec la peau, organe externe, tactile.
C'est un monologue intérieur où se développent les thèmes de la culpabilité et de l'auto-punition et amènent à des fantasmes sadomasochistes." M-L.R.

RIMMER David
Canada

Né en 1942 au Canada. Etudes de mathématiques et d'économie. Depuis 1967 son activité artistique se concentre sur le cinéma, la vidéo et la photographie, mais il a également travaillé la performance, le son, la sculpture, la danse (avec la compagnie d'Yvonne Rainer en 1971) et l'holographie. Depuis 1974, David Rimmer enseigne le cinéma et la vidéo à The University of British Columbia (1974-79), Simon Fraser University (1979-84), et actuellement au Emily Carr College of Art and Design. Nombre de ses oeuvres appartiennent aujourd'hui à des musées et instituts de cinéma au Canada, aux Etats-Unis et en Europe.

(Vidéos) : *Dance Performance* (1970) - *Global Village, New-York City* (1971-73) - *Show of Numbers* (1975) - *Box Cars* (1975) - *Dance for the Electronic Age* (1983) - *Roadshow* (1986).
(Films) : *Variations on a Cellophane Wrapper* (1970) - *Surfacing on The Thames* (1970) - *The Dance* (1970) - *As Seein on T.V.* (1986) - *Divine Mannequin* (1989) - *Black Cat White Cat* (1989).

Divine Mannequin

1989, 16 mm, couleur, sonore, 7'.
Conception, image, montage, musique, son : David Rimmer

"*Divine Mannequin* joint les qualités des supports film et vidéo à la qualité graphique d'un dessin au fusain animé. Les images du film sont placées dans un cadre blanc à l'intérieur du cadre du film, convoquant notre regard comme pour un tableau. Utilisation rythmique du trait, des formes, des tons et des couleurs." D.R.

ROKEBY David
Canada

Né en Ontario en 1960. Il est diplômé du Collège d'Art de l'Ontario.

Expositions et performances récentes : Robertson Center for the Art and Sciences, Binghamton, New-York - Biennale de Venise 1986 - "Artmédia 2", Salerne, Italie - National Museum of Science and Technology, Ottawa.

"David Rokeby a exploité le hardware et le software pour des expositions novatrices, des performances, des bandes sonores et des installations qui ont remporté un grand succès au Canada, aux Etats-Unis, en France et en Italie.
Le mot "interactif" est souvent employé pour qualifier le travail de Rokeby, parce qu'il considère le spectateur ou l'exécutant (danseur ou musicien) comme faisant partie intégrante de ses compositions. (...)
Le système Rokeby, tel qu'il a été conçu pour *Body Language,* s'est affiné dans sa dernière oeuvre *Very Nervous System*, une installation qui continue à repousser les limites de la conscience dans un environnement à la fois ludique et imprévisible."

The Body Language (Very Nervous System)
Installation interactive

"Des caméras vidéo sont installées dans une pièce (...) Ces caméras sont reliées à un ordinateur qui analyse tous les déplacements dans leur champ de vision, localise les personnes et les objets et discerne les parties des corps en mouvement.
Il établit l'intensité relative, la soudaineté ou la continuité des gestes, cerne l'activité la plus intense et, grâce à des synthétiseurs MIDI, traduit ses impressions en sons. La musique est créée et jouée en même temps que sont effectués les mouvements auxquels elle se réfère.
David Rokeby a écrit un langage informatique tout spécialement adapté au système. Chacun des programmes de ce langage définit la façon dont les mouvements dans l'espace sont exprimés en musique. Grâce à ce langage, il devient rapidement facile d'écrire des compositions musicales interactives."

ROSENBACH Ulrike
R.F.A

Née en 1943 à Bad Salzdetfurth. Vit et travaille à Cologne. Etudes de sculpture avec Joseph Beuys à l'Académie de Düsseldorf de 1964 à 1969. Elle réalise depuis 1972, des bandes vidéo, des installations et des performances.

(Vidéos) : *Madonnas of the Flowers* (1975) - *Tanz Für eine Frau* (1975) - *Glauben Sie nicht dass ich eine Amazone bin* (1975) - *Reflektionen über die Geburt der Venus* (1976-78) - *Salto Mortale* (1978) - *Psyche und Eros* (1981).

"Les pièces conceptuelles d'Ulrike Rosenbach, ses performances et ses bandes vidéo semblent tout d'abord être caractérisées par l'emploi de son propre visage et de son corps - moyen logique pour elle dans ses efforts à nous communiquer la réalité du "pouvoir et de l'être féminin". Après réflexion, cependant, ces oeuvres apparaissent comme des incursions aussi intenses que rapides sur les différents rôles de la femme à travers l'histoire. Elle a évité la rhétorique manifeste et l'autobiographie à la faveur d'un point de vue féministe plus mythique (et mythifiant)." Lucy Lippard.

Tanz für eine Frau
1975. Umatic Pal, N/B, sonore, 8'.

Sur la valse "Ich tanze mit Dir in den Himmel hinein" ("Je danse avec toi dans le ciel"), Ulrike Rosenbach, ceinte d'une grande jupe blanche, tourne autour d'elle-même jusqu'à en tomber à terre.

"Je m'intéresse dans mes réalisations à la durée authentique d'un travail qui imite l'expérience du temps de la vie courante. Il la rend consciente. Les spectateurs des bandes vidéo en sont souvent surpris, comme s'ils s'ennuyaient beaucoup, habitués qu'ils sont au découpage rapide d'un film. Ils n'ont pas la patience de regarder un événement. Ils veulent être divertis. (...) Mais je refuse une quelconque interruption du temps réel et l'exploration des infimes transformations devient soudain captivante, voire palpitante. De là, s'élève bien souvent une voix méditative." U.R.

ROUSSET Martine
France

Née en 1951 à Sète. Etudes musicales (1956-1976), puis de philosophie et de cinéma à Montpellier. Cofonde avec Patrice Kirchhofer et Gérard Courant la "Coopérative des cinéastes" en 1977. Collabore aux revues "Cinéma Différent" (1977-78), "Scratch" (1985-86). Organise des programmations de films au Musée d'Art Moderne de la Ville de Paris.

(Films) : *Carolyn I* (avec Carolyn Carlson, 1977) - *Le petit Réverbère* (1978) - *La Folle* (1978) - *In/Ex Dérive* (1979) - *Carolyn II* (co-réalisé avec Vivian Ostrovsky, 1980) - *Carolyn III* (1981) - *Laure* (1982-1984) - *Dehors* (1986) - *Mansfield K.* (1988).

"La rencontre de l'autre, plus exactement d'une autre, est l'enjeu du travail cinématographique de Martine Rousset : l'appropriation d'un univers mental spécifique d'une personne, d'un auteur... il ne s'agit pas pour autant d'une adaptation telle que le cinéma traditionnel nous en proposerait, mais bien plus d'une interprétation à partir d'un corps ou d'un texte choisi. Travail presque synesthésique qui se limiterait à la production d'énergie lumineuse et sonore.
Le corps et sa gestuelle, le texte et son style sont appréhendés selon leur respiration, selon leur vie comme corps dansant, comme texte hurlant la misère, la solitude... une synesthésie de l'absence. Une interprétation, quasiment une transcription qui ne respecterait que la production et l'émission du sens avant que celui-ci ne soit rabattu par un sujet psychologique (romanesque ?). Un sens absent. Transcription d'un univers et non pas d'un caractère." Yann Beauvais.

Carolyn III
1981, 16 mm, N/B, sonore, 25'.
Conception, réalisation, montage : Martine Rousset.
Son, musique : Igor Wakevitch. Avec Carolyn Carlson.

"Portrait. Elle danse au centre de son aire.
Obscure au regard. Elle nous abandonne à sa limite.
Dernier volet du cycle sur Carolyn Carlson.
Dernier regard. Oubli. Irréversible effacement.
Le chant immerge. Le chant érode. Aveugle." M.R.

RYBCZYNSKI Zbigniew
U.S.A.

Né à Varsovie. Etudes de peinture et de photographie à l'école des Beaux-Arts de Varsovie. Diplôme de l'Ecole des Beaux-Arts et de Cinématographie de Lodz en Pologne en 1973. Depuis 1983, vit à New York où il a monté sa propre maison de production. Dans les années 70, Zbigniew Rybczynski fut membre de l'Atelier de la Forme Cinématographique créé pour explorer la matérialité filmique - lumière, perception, écran, image - et rompre avec le cinéma "littéraire". Il désire faire un cinéma magique et le matériel mis à disposition par l'école de Lodz lui permit de commencer son aventure expérimentale. Nombreux courts métrages depuis 1974. Actuellement, il travaille la vidéo Haute Définition dans son atelier aux U.S.A.

(films) : *Zupa* (1974) - *Oh, I can't stop* (1976) - *Tango* (1980).
(vidéo-clips) : *Imagine* (*John Lennon*) (1987) - *Mick Jagger* (1987).

Ce qui intéresse Zbigniew Rybczynski, c'est de voir jusqu'où on peut aller avec la technique - qu'elle soit technique cinéma, vidéo ou ordinateur - et de repenser profondément la technologie. Son attitude de recherche est vitale, il s'agit de faire des expériences tout en explorant les liens que le cerveau entretient avec l'émotion car "tout processus créatif a des répercussions". Travaillant à la fois en technique optique (35 mm) et électronique (vidéo haute définition et ordinateur), il casse leurs frontières comme dans *La Quatrième Dimension* (1988).

La Quatrième Dimension
1988, 35 mm transféré en vidéo, couleur, sonore, 26'.

Film expérimental 35 mm réalisé à l'aide d'un ordinateur programmé pour rephotographier 480 fois

par ligne l'image d'un corps en mouvement, les lignes étant ensuite étalées dans l'espace à des temps différents. Chaque partie du corps a sa vitesse propre et ce processus fluide et continu déforme les corps en volutes, torsades et sinuosités.

SAUP Michael
R.F.A.

Né en 1961 à Hohenzollern, en Allemagne. Etudie la musique au Dominican College, San Rafael, Californie, U.S.A. Etudie l'informatique et les mathématiques à Furtwangen et la communication visuelle à l'Ecole Supérieure de la Réalisation, Offenbach.
Ses travaux comprennent des films, des bandes vidéo, des vidéos-ordinateur, des performances, des installations :

(films et vidéos) : *Pyramid Eye* (1985) - *Flash Art* (1985) - *Great Principal and Ideas* (1986) - *Testblick* (1986) - *My Favorite Holidays* (1986) - *Re.member Sun.day* (1987) - *Flicker* (1987) - *Ikarush* (1988) - *Johannes Moosbach Scholarship* (1988) -*Bomb alert* (1988) - *18843/Paradays* (1989).

"Mes premières expériences sur un système électronique Apple en 1980, me conduisirent à m'intéresser aux nouveaux media.
Je m'engageai d'abord dans une voie abstraite mais aujourd'hui je me dirige à nouveau vers la narration; j'ai à faire face au défi que pose les données de la vie spatiale. Libéré des efforts conceptuels des années 70 pour réduire quoi que se soit à la structure, je ressens une profonde satisfaction à mélanger tous les médias existants. Nous avons bouffé la génération cinéma et les ordinateurs nous sont tombés sur le crâne..." M. S.

18843/Paradays
1989, Umatic Pal, couleur, sonore, 7'.
Conception, réalisation, image, montage : Michael Saup. Musique : Masha Myzorka. Production : Flagrant Frame.

"*18843* est une vidéo sur les symboles les plus manifestes des années 70 utilisés par d'audacieux scientifiques.
Des expériences qui échouèrent trop souvent, des transformations trop difficiles à découvrir. L'Oeil/Je vit quelque chose d'inattendu, quelque chose qui ensemença une science nouvelle. La mort passe." M.S.

SCHILLINGER Claudia
R.F.A.

Née en 1959 à Ihringen en R.F.A. Etudes à l'Académie des Arts de Brème (1987) et à Brunswick. Vit et travaille à Berlin depuis 1988. Réalise des films, des vidéos et des performances.

(Films et bandes-vidéos) : *Femme fatale* (1985) - *Dreams of a Virgin* (1986) - *Das wahre Wesen einer Frau* (1987) - *Zentral-Bad* (1988) - *Drop Out* (1988) - *Between* (1989).

Between
1989, 16 mm, couleur & N/B, sonore, 9'.
Conception, réalisation, montage : Claudia Schillinger. Musique : Nina Simone, Prince. Avec la participation de Francesca de Martin, Carletta, Flint.
"*Between* donne au désir et à la fantaisie sexuelle une forme filmique. Il ne cherche ni à donner une représentation "réaliste" de la sexualité ni à se plier aux tabous sexuels. Les différentes mises en scène se comprennent comme un condensé de différents vécus sexuels. On pourrait dire : la sexualité conçue comme point de glaciation, de fusion et d'ébullition des différents états élémentaires." C.S.

◄ 45

SCHLEGEL Christine
R.F.A.

Etudes de peinture et d'art graphique à l'Université des Arts Picturaux de Dresde (R.D.A.) de 1973 à 1978. Vit à Berlin-Ouest depuis 1986. Christine Schlegel travaille l'art-cinéma et la performance depuis 1984.
A réalisé sept films 8 mm entre 1984 et 1987, trois d'entre eux ayant été entièrement conçus à la main. *Strukturen I & II* et *Zustände*, films 8 mm, ne sont présentés que dans le cadre de performances comprenant également de la danse et de la musique *live* ou sur bande magnétique. Son film le plus récent, *Wandlungen*, conçu en trois parties, résume ses travaux antérieurs : la partie 1 a été créée à partir du matériel recupéré de Lars Barthel et ardemment retravaillé; les parties 2 et 3 sont constituées des films *Strukturen I & II* transférés en 16 mm et renouvelés.

Wandlungen
1988, 16 mm, couleur, sonore, 30'

"*Wandlungen* (Transformations) est composé de chutes de mes films de fiction et de matériel récupéré. J'ai voulu traiter le matériau de manière optimale, ce qui m'a donné la possibilité de voir la peinture en mouvement." C.S.

SCHMELZDAHIN
R.F.A.

Schmelzdahin est composé de Jochen Müller, Jochen Lempert et Jürgen Reble qui travaillent ensemble depuis 1978 à Bonn. Schmelzdahin fait des films et des performances.

(Films) : *Münzesheim* (1983) - *English for Today* (1983) - *In Diep Hust* (1984) - *Stadt in Flammen* (1984) - *Weltenempfänger* (1984) - *Die lange Nacht der Kaiserpinguine* (1984) - *Situs wie jod isset abernit* (1985) - *E.R.*(1986) - *Eis* (1986) - *Onkelschrompel* (1986) - *Der General* (1987) - *Krepl* (1988) - *XXX* (1989).

"Une partie de la recherche de Schmelzdahin est consacrée au traitement chimique de l'émulsion du film." S.

Stadt in Flammen
1984, Super 8, couleur, sonore, 5'.
Conception, réalisation, montage : Schmelzdahin. Textes : Schmelzdahin. Avec la participation de Schmelzdahin.

"Un film traité par des bactéries, chauffé et copié au moment de la fluidification." S.

Carolee SCHNEEMANN
U.S.A.

Carolee Schneemann travaille avec divers media : la peinture, la performance, le film et la vidéo. Elle est l'auteur de l'ouvrage MORE THAN MEAT JOY : COMPLETE PERFORMANCE WORKS AND SELECTED WRITINGS (1979)
Son film *Meat Joy* (1964) présenté au Festival de la Libre Expression à Paris, au Dennison Hall à Londres et au Judson Church à New York, a fait d'elle l'une des artistes les plus controversées et les plus influentes des années 60.
L'emploi de ces différents media dans son oeuvre se mêle à des thèmes tels que l'histoire du féminisme, la sexualité, le corps comme source de connaissance, l'intégration du quotidien au processus artistique.

Son oeuvre récente comprend *Cat Scan*, une oeuvre de performance qui utilise des diapos, du film et de la vidéo, et *Venus Vectors*, installation de sculpture et de vidéo.

(Films) : *Meat Joy* (1964) - *Red News* (1966) - *Water Light / Water Needle* (1966) - *Fuses* (1967) - *Body Collage* (1967) - *Reel Time* (1971-72) - *Plumb Line* (1971) - *Acts of Perception* (1973) - *Interior Scroll* (1975) - *Up To and Including Her Limits* (1976) - *ABC-We Print Anything In the Cards* (1976-77).

(Performances) : *Labyrinths* (1960) - *Meat Joy* (1964) - *Water Light / Water Needle* (1966) - *Interior Scroll* (1975) - *Up To and Including Her Limits* (1976) - *Fresh Blood - A Dream Morphology* (1981).

Fuses
1964-67, film 16 mm, couleur, sans son, 22'.
Conception, réalisation, image, montage : Carolee Schneemann. Avec : Carolee Schneemann, James Tenney, Kitch. Prix Spécial du Jury, Cannes 1968. Prix Yale University.

"Pendant que je travaillais sur mes oeuvres du Kinetic Theater, j'ai commencé un film érotique, *Fuses* (1965), surtout parce que personne d'autre n'avait traité les images de l'amour comme noyau de gestes et d'actions spontanés. J'hésitai à m'attaquer à ce moyen d'expression complexe et difficile, mais je me devais de tourner ce film moi-même tout comme, en tant que peintre, j'avais été obligée d'incorporer progressivement des matériaux dimensionnels.
Fuses est un hommage à une relation de dix ans, à un homme avec qui j'ai vécu et travaillé en position d'égalité. Nous sommes perçus par les yeux de notre chatte, à travers qui j'ai pu visualiser les images de notre couple, dans le contexte du cadre et des saisons qui nous entouraient.
J'ai réalisé le tournage alors que j'étais moi-même participante de l'action. Il n'y avait aucun aspect de la scène d'amour que je désirais esquiver; en tant que peintre, je n'ai jamais accepté qu'une quelconque partie du corps soit sujette à des tabous visuels ou tactiles. Et, en tant que peintre, j'étais libre d'exploiter le celluloïd lui-même : brûler, cuire, couper, peindre, plonger la pellicule dans l'acide, élaborer des couches denses de collage et des rouleaux A&B complexes, tenus ensemble à l'aide de trombones. J'ai filmé pendant plus de trois ans avec des Bolex empruntées." C.S.

SCHWARTZ Lillian & KNOWLTON Ken
U.S.A.

"A l'instar de John Whitney, Lillian Schwartz s'initia au graphisme par ordinateur en tant qu' "artiste-en-résidence"; elle utilisa comme Stan Vanderbeek le système graphique en mosaïques mis au point par Ken Knowlton des "Bell Telephone Labs".
Lillian Schwartz joue de la richesse des couleurs et des textures picturales de cette palette au même titre que des intermittences filmiques du défilement image par image." William Moritz.

Enigma
1969, 16 mm, 5'.

SCROGGINS Michael
U.S.A.

"Michael Scroggins s'est spécialisé dans les "projections liquides" avant d'étudier le graphisme vidéo avec Nam June Paik au California Institute of the Arts. La série des 18 Studies que Scroggins a composé au début des années 80, à l'aide d'un Grass Valley CVG 1600 7H, fut créé en temps réel, et met en évidence les qualités intrinsèques de l'image vidéo en incorporant les lignes du balayage électronique et l'effet feed-back, générant un flux cyclique de strates visuelles miroitantes. Sa vidéo récente, *1921 > 1989* en 3-D, recourt à la technologie d'Iris/Wavefront et met à profit la consistance et la brillance des images générées par ce système, en analogie avec la théorie Néo-Plastique de Van Doesburg et Mondrian. Scroggings enseigne l'art video au California Institute of the Arts." William Moritz.

Study N° 14
1984, Umatic NTSC, 5'.

1921>1989
1989, Umatic NTSC, 5'.

SFIKAS Costas
Grèce

Né en 1927 à Athènes, Grèce. Etudes secondaires. Employé aux P&T d'Athènes dès l'âge de 16 ans. Cinéaste autodidacte.

(Films) : *Inauguration* (1961) - *Attente* (1962) - *Thyraïkos* *Orthros* (1968) - *Modelo* (1974) - *Métropoles* (1975) - *Allégorie* (1986).
A aussi réalisé des films pour la télévision grecque dont *Poésie d'Andréas Embirikos* (1982).

Modelo
1974, film couleur, 35 mm, sans son, 90'.
Conception, réalisation : Costas Sfikas. Images : G. Cavayias. Montage : V. Goussias. 1er prix du Festival de Thessalonique. "Prix de la Folie", Festival de Toulon, 1975. Collection Cinéma du Musée, Centre Georges Pompidou.

"Expression plastique des lois du Capital de Karl Marx."
"*Modelo* tient tout entier dans le cadre - vaste il est vrai - d'un plan fixe de grand ensemble en légère plongée et en négatif (…). De curieuses machines (…), une passerelle surélevée (…), une allée (…), une forme humaine (…), des objets de bakélite colorée (rouges, jaunes, verts, bleus) (…) forment une composition suffisamment incongrue, d'une froideur suffisamment étrange, d'une plastique suffisamment attrayante, avec des couleurs négatives mates et veloutées et ses rythmes variés, pour qu'on s'en tienne à une lecture *esthétique*. On verra alors dans *Modelo* quelque chose comme l'équivalent cinématographique des toiles de Giorgio de Chirico (…). Mais il y a ces rythmes précisément, qui s'accordent et composent une espèce de symphonie de mouvements : saccades alternées des machines, course des humanoïdes à gauche, marche lente de la silhouette à droite et arrivée inexorable et régulière des objets de plastique. On a là l'une des plus extraordinaires *machines célibataires* du cinéma (…)." Dominique Noguez, Eloge du cinéma expérimental.

SIMS Karl
U.S.A.

Karl Sims est titulaire d'un diplôme en Sciences de la Vie (1984). Après avoir travaillé pendant un an à la Thinking Machines Corporation, il étudie l'infographie au Media Laboratory (diplôme en 1987). Il rejoint ensuite pour un an les Productions Whitney/Demos. Il est actuellement directeur de recherche à Hollywood (Optomystic) et travaille également à temps partiel à la Thinking Machines Corporation comme consultant en infographie.

Particle Dreams
1988, vidéo-ordinateur, couleur, sonore, 1'30".

Conception, image, montage : Karl Sims. Musique : Robert Moore, BLC Sound. Software et animation : Karl Sims, Optomystic. Computer Hardware : Connection Machine 2. A été présenté à Siggraph' 88, à Images du Futur' 89.

SLASAK Béatrice
France

Née en 1959 à Chamonix. D.N.S.E.P. (1986). Vit et travaille à Strasbourg. Organise depuis 1985 les projections Ex Tenebris de films expérimentaux et collabore ponctuellement avec les Musées de Strasbourg depuis octobre 1986.

(Films) : *3 factorielle I* (1986) - *D.E.I.N.* (Tryptique) (1986) - *Video ergo sum* (1988).

"Dès mes premiers travaux, la caméra a été conçue comme le double révélateur, l'oeil de verre en tant qu'extension du propre regard permettant l'autoscopie (certes différée, mais par là même plus fascinante, processus chimique écho du processus mental engagé), l'auto-mise en scène, le travestissement, le jeu d'identités, le dédoublement, la captation d'images de soi. Afin d'être seule agissante dans cette quête, des dispositifs assurant une quasi-autonomie ont été mis au point, alliant quelquefois la vidéo. L'intimité ainsi créée a permis de lever des résistances, de libérer l'expression, d'admettre de multiples images du corps et d'en composer des rituels spec(ta)ulaires s'inspirant parfois de la mythologie." B.S.

Video Ergo Sum
1988, Super 8, couleur, sans son, 3'.
Conception, image, montage : Béatrice Slasak. Avec Béatrice Slasak.

"Le titre à lui seul résume les préoccupations de ce travail qui étend la problématique de l'auto-représentation à deux supports : la vidéo et le film. Le moniteur peut-être perçu dans sa dimension spéculaire et/ou dans sa capacité à ouvrir un nouveau champ.
Une quête du regard pour un visage présent." B.S.

SNOW George
Grande-Bretagne

Né en 1948 à Hanovre (R.F.A.). Etudes au Hornsey College of Arts (1968-70). Photographe en Irlande du Nord de 1970 à 72. Travaille pour la presse radicale et "underground" (1977-82) ainsi que pour la presse et l'industrie du disque, en particulier pour les groupes punks.
En 1982, il abandonne le design graphique et commence la programmation informatique. A partir de 1984, travaille la vidéo :

(vidéos) : *Dogs* (1984) - *Legs* (1985) - *Maybridge Revisited* (1985) - *Legacy* (1985) - *All I want* (1985) - *The Man of the Crowd* (1987) - *The Assignation* (1988) - *William Wilson* (1989).

"George Snow s'intéresse avant tout à l'exploitation de nouvelles formes de vidéo narrative en relation avec les technologies informatiques et musicales. Son but ultime est de se passer tout à fait des techniciens, de façon à ce que l'artiste indépendant, pourvu d'un sens profond des technologies nouvelles, de leurs fonctions et de leurs possibilités, revienne au centre de la scène créative.
Malheureusement, sa personnalité anti-conformiste et extravertie est en désaccord avec le caractère conservateur de la société anglaise. C'est pourquoi, il passe le plus clair de son temps à circuler à travers l'Europe, ou à écrire des scénarii et des programmes informatiques dans sa villa toscane." G.S.

The Man of the Crowd
1987, vidéo-ordinateur, couleur, sonore.
D'après Edgar Allan Poe. Adapté et réalisé par George Snow.

"*The Man of the Crowd* (L'Homme de la foule) est une tentative d'introduction du pictural dans le domaine de la vidéo de haute technologie, et cherche, simultanément, à développer le langage narratif des media liés à une temporalité.
Le thème central de l'oeuvre est la personnification de la figure du "bouc émissaire", l'homme qui porte le poids de la culpabilité de l'humanité. Lequel est devenu, au cours de sa lamentable vie, une éponge à absorber le mal. Pour dépeindre "l'esprit du crime originel", Snow utilise la méthode du collage à plusieurs degrés, particulièrement adaptée au récit à plusieurs degrés de Poe." G.S.

SNOW Michael
Canada

Né en 1929 à Toronto. Cinéaste, photographe,

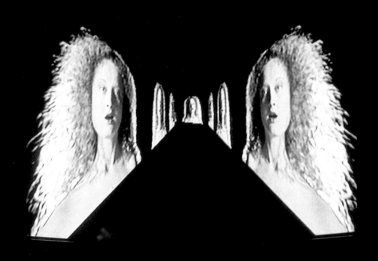

sculpteur, peintre, compositeur et auteur de livres, Michael Snow est un des plasticiens canadiens les plus connus de l'art contemporain. Il participe depuis 1964 à toutes les grandes manifestations d'art audiovisuel dans le monde entier et son oeuvre compte de nombreuses rétrospectives, notamment au Centre Georges Pompidou, Paris (1979), au Oesterreichisches Film Museum, Vienne (1981), à The University of California, Los Angeles (1983), à Image Forum, Tokyo (1988); il a également fait l'objet de nombreuses analyses critiques, parmi lesquelles on compte trois ouvrages.

(Films) : *Wavelength* (1966-67) - *Standard Time* (1967) - *One Second in Montréal* (1969) - *Back and Forth* (1968-69) - *La Région centrale* (1971).

La Région Centrale
1970-71, 16 mm, couleur, sonore, 180'.

"Avec *La Région Centrale*, la caméra de Snow sort des lieux clos et se débride en tout sens. Pendant trois heures, fixée par Pierre Abbeloos sur un dispositif à bras mobile, elle balaie l'espace d'une région désertique du Québec, à 160 km au nord des Sept-Iles, en cercles et spirales, à des vitesses variées. Très vite, ponctuée par les bip-bip d'une bande-son synthétique qui servait en même temps à programmer les mouvements du levier, c'est un hymne visuel au cosmos, une célébration de l'univers sans l'homme qui s'élabore puissamment. La caméra, laissée seule dans le désert, devenue, comme dit Snow, "une sorte d'oeil sans corps, flottant dans l'espace", s'épuise admirablement à donner une manière de point de vue absolu sur ce lieu où le ciel jouxte directement la terre, cependant que la nuit succède au jour. Si, comme dit la fameuse première phrase de L'ETRE ET LE NÉANT, "l'être n'est rien d'autre que la série des apparitions qui le manifestent", c'est l'être, peut-être, que le super-oeil de Snow (ici encore fils de Vertov) s'acharne à dévoiler. Le spectateur, éberlué et envoûté, emporté par l'effet cénesthétique de ces panoramiques incessants, risque d'y perdre et son sens de l'équilibre et son sens du temps. Mais il les retrouvera, au terme de ce tourbillonnement cosmique, singulièrement transfigurés." Dominique Noguez.

SORENSEN Vibeke
U.S.A.

Enseigne le graphisme ordinateur au California Institute.

N-Loops
1989, Vidéo-ordinateur Umatic NTSC, 7'.
"Son oeuvre *N-Loops* explore le potentiel propre au combiné Iris/Wavefront, en particulier les possibilités de re-duplication et de tracé d'images complexes, de telle sorte que la complication du système optique reflète le style musical stratifié du compositeur Rand Steiger." William Moritz.

STEHURA John
U.S.A.

"John Stehura a étudié le cinéma d'animation à Los Angeles (The University of California). Il a conçu l'infographie de son film *Cibernetik 5.3* et les images en ont été ensuite rentrées sur un microfilm plotter, système de sortie sur pellicule cinématographique, chez General Dynamics à San Diego; le film qui en résulta fut combiné à certains effets "live", comme dans le célèbre "light show" *The Single Wing Turquoise Bird*, auquel avait participé Stehura." William Moritz.

Cibernetik 5.3
1969, 16 mm, 8'.

SWEENEY Moïra
Irlande

Née en 1962 en Irlande. Etudes d'Arts Plastiques, de cinéma et de vidéo. Moïra Sweeney est depuis 1986 membre exécutif de La London Film Makers' Coop; elle organise des programmations de films (notamment pour le London Film Festival en 1988 et 1989) et assure les tournées en Europe et en Amérique de films britanniques depuis 1988. Elle publie également des articles sur la danse et le cinéma.

(Films) : *Within A Move* (1983) - *She continues* (1985) - *Looking for the Moon* (1986) - *Hide and Seek* (1987) - *Message from Budapest* (1987) - *Imaginary I, II, III* (1988-89) - *Deorai* (1988-89).

"Cela fait déjà six ans que je travaille le support film. Ce qui a été au début le désir de filmer la danse est devenu quelque chose de plus flou que l'on appelle "Filmdance". Les films sont des voyages métaphoriques à travers la mémoire et l'expérience. Ils sont composés et montés comme des poèmes rythmiques. Ce qui les caractérise est l'emploi d'objets, d'espaces familiers, et de paysages. Ils explorent les qualités lyriques et sensuelles de la cinématographie, tout en traçant une histoire personnelle dans des paysages visuels et imaginaires. Les films récents se servent de séquences de "home movie" et traitent les images à la tireuse optique. Ils sont ralentis pour évoquer des états hypnotiques et fragiles. Mon oeuvre présente une nostalgie douce-amère pour l'enfance et pour mon pays d'origine, l'Irlande. Dans le film sur lequel je travaille actuellement, j'essaie de réfléchir à l'ambiguïté d'avoir choisi de vivre de façon anonyme dans une grande ville comme Londres, alors que j'éprouve un tel désir mélancolique pour certains aspects de la vie irlandaise." M.S.

Looking for the Moon
1986, 16mm, N/B, sans son, 6'.

"*Looking for the Moon* (A la recherche de la lune) est un ciné-poème réalisé à la lumière des recherches de Maya Deren autour de son film *A Study in Choregraphy for Camera*. Des gestes timides, des mains et du corps, deviennent des métaphores d'émotions contradictoires lors d'une situation d'intimité avec une personne. Il y a l'approche de l'autre avec confiance et puis l'éloignement dans le désir de fuir. Tournées en noir et blanc et vues à travers le cadre intime de la fenêtre d'une chambre à coucher, les actions s'entremêlent dans un mouvement continu et non résolu." M.S.

THOMADAKI Katerina (voir KLONARIS Maria)

TSOCLIS Costas
Grèce

Né à Athènes en 1930. De 1957 à 1960, boursier de l'Etat Grec à Rome. A longtemps vécu à Paris (entre 1960 et 1970) et vit depuis 1984 à Athènes.
Costas Tsoclis est l'un des plasticiens majeurs de son pays et a représenté la Grèce à la Biennale de Venise 1986. Il intègre la vidéo sur ses peintures depuis quelques années et travaille sur l'idée du spectre.
Depuis 1965, il expose régulièrement dans de nombreuses villes d'Europe et à New York.

"Tsoclis a toujours aspiré à une création qui sorte d'un cadre étroitement national. Dès le début, son art témoigne des grands mouvements d'avant-garde tout en donnant des interprétations originales (...)
L'arrivée de la vidéo dans l'art de Tsoclis nous paraît

une chose tout-à-fait compré-hensible et dans la logique de son évolution. Depuis le début, son oeuvre possède trois caractéristiques dominantes . la perfection du fini, la transparence qui est mise en évidence par une grande économie des couleurs, l'amour de l'immatériel." Eurydice Trichon - Milsani.

Portraits
Installation. Peintures sur toile (300 x 220 cm) et projection vidéo.

"Cinq effigies fantomatiques, mi-peintes, mi-projetées, apparitions fragiles, empreintes monumentales, imposantes par le format, pourtant menacées à tout instant de disparition (...). Le mouvement des portraiturés est minime. Juste quelques gestes déroutants, effectués à des moments si peu attendus que le spectateur se demande s'il ne s'est pas trompé en les remarquant. Des portraits étrangement inquiétants." (..) Eurydice Trichon - Milsani.

UNGLEE
France

"Quand, au printemps 1981, muni de son Polaroïd S X 70, Unglee s'est mis à photographier des tulipes, il ne pensait pas qu'elles le passionneraient davantage encore dix saisons plus tard. Chaque jour, il pense à elles, chaque printemps, il les immortalise et, loin de l'étouffer, elles l'épanouissent puisqu'il construit son oeuvre autour d'elles. Il ne cesse de leur rendre hommage et elles l'aident à devenir ce qu'il a toujours voulu être : un nom." U.

Tulipes
Installation vidéo 6 écrans.

"*Tulipes*, l'installation, est présentée dans un espace de passage ouvert et clair. De ce fait, l'image s'insère dans une structure visible composée des moniteurs et de leurs supports et l'installation acquiert un nouveau statut : celui de sculpture vidéo." U.

VASULKA Steina et Woody
U.S.A.

Steina et Woody Vasulka collaborent, depuis leur arrivée aux Etats-Unis en 1965, à l'exploration de la vidéo-haute technologie.

47

Né en Tchécoslovaquie, Woody a commencé par tourner des films en 35 mm puis en 16 mm, multipliant les écrans, composant électroniquement des images stéréoscopiques en 180 ou 360 degrés. Aux Etats-Unis ses centres d'intérêt se concentrent sur le développement de nouveaux "outils vidéo" et des bandes vidéo qu'il peut produire à partir de leurs effets spéciaux : *The Matter* (1974) - *Artifacts* (1980) - *The Commission* (1983).

Son dernier travail dans ce domaine est le *Digital Image Articulator (The Imager)* qu'il a conçu en collaboration avec Jeffrey Schier.

Steina, née en Islande, commence en 1975 à travailler à une série de bandes et d'installations mettant en jeu des contrôles mécanisés de caméras dans le souci d'une exploration de l'espace. Il en est résulté une série de vidéos, *Machine Vision*, notamment : *Sound & Fury* (1975) - *Violin Power* (1970-78) - *Cantaloup* (1980) - *Summersalt* (1982) - *The West* (1983).
et des installations vidéo : *Allvision* (1976-83) - *Flip-flop* (1983) - *The Condition* (1983).

Travaux communs de Steina et Woody Vasulka, depuis 1970 :

Sketches (1970) - *Calligrams* (1970) - *Decay n∞1/n∞2* (1970) - *Shapes* (1971) - *Elements* (1971) - *Spaces 1&2* (1972) - *Soundprints* (1972) - *Home* (1973) - *Golden Voyage* (1973) - *Vocabulary* (1973) -*1-2-3-4* (1974) - *Solo for 3* (1974) - *Heraldic View* (1974) - *Soundgrated Images* (1974) - *Update* (1977-78) - *Digital Images* (1970-78) - *In Search for the Castle* (1981).

Violin Power

1970-78, Umatic NTSC, N/B, sonore, 10'.
Réalisation : Steina Vasulka. Synthétiseur : Rutt/Etra.

Cette bande montre l'utilisation du son pour contrôler les éléments de l'image. Ici le son du violon commande un commutateur distribuant alternativement différents points de vue de Steina jouant du violon.

Summersalt

1982. Umatic NTSC, couleur, 18'.
Réalisation : Steina Vasulka.
Summersalt fait appel au concept de "allvision" (vision totale) développé par Steina Vasulka, "par opposition aux limites de la vision humaine". Le miroir sphérique - qui apparaît dans beaucoup de ses dispositifs - figure

ce concept tandis que la caméra en rotation, qui balaie l'ensemble de la pièce, engendre cette vision "humainement impossible".

The Commission

1983, Umatic NTSC, couleur, sonore, 45'.
Réalisation : Woody Vasulka. Caméra : Steina Vasulka. Montage vidéo : Peter Kirby. Mixage vidéo : Baird Banner. Avec Ernest Gusella (texte et acteur pour Paganini). Robert Ashley (texte et acteur pour Berlioz). Cosimo Corsano (texte et acteur pour l'embaumeur). Outils spéciaux : Vocoder (Harald Bode). Scan Processor(Rutt/Etra). Digital Image Articulator (Jeffrey Schier).

Woody Vasulka - et Steina à la caméra - appliquent ici les techniques découvertes dans leurs travaux antérieurs à une mince structure narrative : dans chacune des 11 séquences relatant l'histoire entre le violoniste Niccolo Paganini et le compositeur Hector Berlioz est exploité un procédé différent d'intervention par ordinateur sur l'image et/ou le son. La digitalisation des gestes, le traitement de la voix par vocoder, le côté répétitif voire obsessionnel des séquences créent des corrélations entre les procédés techniques et le scénario, soulignant la narration en même temps qu'ils déconstruisent son aspect mystificateur et permettent par là de repenser les problèmes complexes de la représentation.

VIOLA Bill

U.S.A.

Né à New-York en 1951, Bill Viola travaille la vidéo et la musique expérimentale depuis 1970. Il est l'auteur de nombreuses bandes et installations vidéo, présentées aux Etats-Unis, en Europe, au Japon. "Artiste en résidence" au laboratoire de télévision WNET Channel 13 à New-York depuis 1976, il aussi beaucoup voyagé dans le but d'approfondir ses recherches sur les musiques, les danses et les théâtres traditionnels : voyage aux Iles Salomon en 1976, à Java en 1977, en Tunisie en 1979; en 1980-81, il a passé un an au Japon pour étudier la vidéo avec des ingénieurs et s'initier à la peinture à l'encre "sumi" avec un maître Zen. Toutes ces expériences nourrissent son oeuvre et lui donnent une grande variété de contenus.

(Installations) : *Amazing Collossal Man* (1974) - *Separate Selves* (1974) - *Origins of Thought* (1975) -

Rain (1975) - *Moving Stillness* (1979) - *Reasons for Knocking at an Empty House* (1982).
(vidéos) : *Information* (1973) - *Eclipse* (1974) - *Migration* (1976) - *Four Songs* (1976) - *Memory Surfaces and Mental Prayers* (1977) - *Memories of Ancestral Power* (1977-78) - *The Reflecting Pool* (1977-80) - *Chott-El-Djerid (A Portrait in Light and Heat)* (1979) - *Hatsu Yume* (1981) - *I Do Not Know what It Is I Am Like* (1986).

"Mon but est de produire des compositions audio-visuelles temporelles utilisant le langage usuel, les sons et les images du monde réel (...) et les organisant selon la stucture de nos mondes personnels et subjectifs - la perception, la reconnaissance, les rêves, et la mémoire.
Sur le plan visuel, mes bandes vidéo ont plus de rapport à la musique qu'à l'écriture. Ce sont des poèmes visuels, des allégories dans le langage de la perception subjective, ouvertes à des interprétations individuelles diverses, chacune exprimant thématiquement des conceptions spécifiques qui proviennent de l'expérience de la vie quotidienne" B.V

Chott-El-Djerid (A Portrait in Light and Heat)
1979, couleur, sonore, 28'.

"Chott-El-Djerid est le nom d'un immense lac de sel desséché au Sahara, au-dessus duquel se forment, dans la chaleur accablante du milieu de journée, des mirages.
Là, la chaleur intensive du désert déforme, transforme et réforme les rayons lumineux, de telle sorte que l'on voit des choses qui n'existent pas. Des arbres et des dunes de sable flottent au-dessus du sol, les arêtes et les sommets de montagnes et de maisons ondulent et vibrent, couleurs et formes fusionnent en une danse scintillante.
Afin de rendre bien perceptibles les subtilités inhérentes à ces phénomènes naturels, j'ai utilisé lors du tournage des télélentilles spéciales.
En vérité, ce film ne se préoccupe pas tant des mirages que des frontières de l'image." B.V.

WATERS Keith
Grande-Bretagne

Né en Angleterre. Vit et travaille en Angleterre et aux Etats-Unis. Recherches sur le mouvement du visage en synthèse 3D.

Sa réalisation la plus récente est :

Head, Face and Expressions (Middlesex Polytechnic).
1988, Umatic Pal couleur (synthèse en 3 D), 3'30".

WEIBEL Peter
Autriche

Né à Odessa en 1945, de nationalité autrichienne, Peter Weibel s'est attaché à aborder, en tant qu'artiste et théoricien, tous les domaines des arts des media : le cinéma, la photographie, le son, la vidéo, et a cherché à les lier aux différents champs de connaissance : philosophie, mathématiques, sciences, histoire de l'art, politique. Dans les années 70, il crée, en collaboration avec Valie Export, des films-actions, des films-happening, des oeuvres de "cinéma élargi" puis des vidéos. Très vite, il s'oriente vers les nouvelles technologies, développant un "cinéma électronique" et des animations et vidéos assistées par ordinateur. Actuellement, il travaille sur les ordinateurs, poursuit sa théorie sur les media et le futur, et enseigne, depuis 1985, à la Hochschule für angewandte Kunst de Vienne. Directeur du Digital Arts Laboratory de l'Université de l'Etat de New-York (1985-89) ; depuis 1989, il est directeur du Neuen Media Institut à Francfort.

◀ 49

(Vidéos) : *Kurt Gödel - Ein mathematischer Mythos* (*Un mythe mathématique*, 1987) - *Clip, Klapp, Bum* (1988) - *Stimmen aus dem Innenraum* (*Voix de l'espace intérieur*) - *Opéra de media* (1988).

(Publications récentes) : IM BAUCH DES BIESTES (DANS LE VENTRE DE LA BETE, 1987) - CLIP, KLAPP, BUM - DE LA MUSIQUE VISUELLE À LA VIDÉO-MUSIQUE (1987) - L'ACCÉLÉRATION DES IMAGES - DANS LA CHRONOCRACIE (1987) - AU-DELÀ DE LA TERRE (1987) - HISTOIRE DE L'ART MISE EN SCENE (1988) - TERRITOIRE ET TECHNIQUE (1989).

"Alphabet Audiovisuel (AVA).
L'esthétique électronique est une anticipation du monde à venir. Après le XXème siècle, il y aura de nouvelles formes d'art et de langage, de nouveaux moyens d'expression à notre disposition. Pour

défendre le modernisme, nous retournerons aux mouvements futuristes, en particulier à ceux qui sont nés au tournant du siècle en Russie et en Europe Centrale. Déjà, de nombreux artistes travaillaient à la fois dans différents domaines de l'art : des poètes étaient aussi peintres, ou musiciens, des peintres étaient musiciens. Aspirant à un travail artistique total (Gesamtkunstwerk), ces artistes tentaient d'obtenir une combinaison synesthétique des 3 media : musique, peinture et langage.

Aujourd'hui, toutefois, les progrès technologiques nous permettent d'aller au-delà de cette base synesthétique et d'unir les trois éléments d'une nouvelle manière : AVA, suivant la triade sémiotique de Peirce. (...) Dans les media électroniques, la base commune n'est plus la synesthétique, mais la digitalité (...).

La société d'information du futur, où chaque maison aura ses propres terminaux électroniques, ses ordinateurs personnels, sans compter les systèmes audio et vidéo, échangera les informations par les moyens du nouvel alphabet audio-visuel multi-structurel et multi-dimensionnel."P.W.

Truth Table
1986-88. Umatic Pal, couleur, sonore, 100'.
Extrait de **Gesänge des Pluriversum** (Chants du Pluriverse).

"L'image d'une table, symbole du monde solide, est transformée de différentes manières, parfois jusqu'à ce qu'elle ressemble à un paysage (grâce au Rutt-Ettra Scan-Processor). "Truth Table" est un terme de logique (introduit par Frege et Wittgenstein) désignant une méthode de vérification des propositions vraies. En tordant et étirant la table, je tente de montrer que la vérité est devenue incertaine dans le monde électronique postmoderne. Dans l'espace virtuel des ordinateurs, la vue des observateurs in vitro peut être différente de celle des observateurs in vivo. La vérité n'est plus un concept universel, mais un concept local. Les objets deviennent signes d'inquiétude." P.W.

WHARRY David
France

Né en 1950 en Angleterre. Vit à Paris depuis 1971.

(Films) : Horizontal Hold (1976) - Dawn Patrol (1978) - General Picture (1978-88), une oeuvre en cours composée d'épisodes comme : For Eyes Only - Phaeton - Wishful Thinking - Eye Witness - European Crisis - Prélude à la nuit - A Touch of Venus - The Edge of Darkness - Body and Soul - Written on the Wind - Carlton Dekker.

General Picture
1978-1988, 16mm, N/B et couleurs, 173'.
Conception, réalisation, image, montage : David Wharry.

General Picture est une oeuvre en cours depuis 1978, composée d'épisodes relativement autonomes et dont l'auteur se réserve le droit de changer l'ordre à chaque programmation.

"Dans le cinéma d'avant-garde, General Picture est peut-être la tentative la plus systématique visant à dévoiler les mécanismes discrètement mis en oeuvre par le spectacle cinématographique au sens le plus large : de la perception illusionniste de l'écran et de l'image jusqu'aux profondeurs analytiques du spectacle narratif." B. Jenkins.

Episode 1 : For Eyes Only
1978, 16 mm, N/B, sans son, 2'40".
Avec Katerina Thomadaki.

"Quand dans For Eyes Only, General Picture pénètre son domaine de narration, nous appartenons déjà, avec l'apparition d'une créature fantomatique à l'écran, au royaume de la fantaisie pure." B.Jenkins.

Episode 8 : Suddenly Once More
1980, 16 mm N/B, sans son, 2'40".
Avec Jacques Sautes. Maquillage : Pascale Lites.
"Les identités multiples du professeur Anatole Lacoste." D.W.

Episode 13 : Body and Soul
1981, 16 mm, N/B, sans son, 7'
Avec Katerina Thomadaki.

Episode 9 : European Crisis
1980, 16 mm, N/B, sans son, 9'.
Avec André Huck, Jacques Sautes, Dorothy Polley, Katerina Thomadaki.

"Le professeur Anatole Lacoste a rendez-vous avec l'un

des agents du docteur Brain dans une exposition de Jackson Pollock au Centre Pompidou. Pendant ce temps-là, Deborah est en train de prendre un bain quand le cambrioleur Torlim Novak pénètre chez elle. Tout semble se dérouler normalement quand, au bunker de contrôle, l'ordinateur détecte une anomalie dans le fonctionnement de l'histoire. Mais comment arrêter le film ? " D.W.

WHITNEY James
U.S.A.

Né en 1921, frère cadet de John Whitney avec qui il réalise ses premiers films d'animation abstraite dès 1939, tout d'abord en 8 mm puis en 16 mm.

Twenty-four Variations (1939-40) & *Films Exercises 1-2-3-4-5* (1942-44) (en collaboration avec John Whitney) - *Yantra* (1950-55) - *Lapis* (1965) - *Dwidja - Kang Jing Xiang.*

Lapis
1965, 16 mm, couleur, sonore, 10'

"James Whitney a donné naissance à cette oeuvre étonnante, *Lapis* (1965), en recourant au système de contrôle du mouvement géré par ordinateur mis au point par son frère. A l'origine, James a peint à la main les composantes visuelles puis les a filmées en les soumettant à de multiples et complexes expositions sur un banc-titre informatisé. La sérénité et la complexité des mandalas obtenus tout comme les variations soigneusement calculées de couleurs plongent le spectateur dans un état de méditation stupéfiant. *Lapis* est le seul film d'animation de James Withney (son oeuvre en compte dix) assisté par ordinateur." William Moritz

WHITNEY John Sr.
U.S.A.

"Le pionnier absolu en matière de graphisme par ordinateur. Sa première expérience en ce domaine fut l'adaptation d'un radar de tir (ordinateur de type primitif), datant de la Deuxième Guerre Mondiale, pour transformer ses calculs en équivalents graphiques. En 1966, il devint le premier des "artistes-en-résidence" chez IBM où il fut à même de poursuivre ses essais pour mettre en évidence, grâce aux ordinateurs et aux consoles à tube cathodique les plus récents, les principes harmoniques d'un langage visuel nouveau. A l'heure actuelle, il continue ses recherches et créations à l'aide d'un système de composition en temps réel IBM qui lui permet d'associer simultanément sons musicaux et images cinétiques - création à la fois très proche et très éloignée des premiers *Exercises*, qu'en compagnie de son frère James, il fit au début des années 40, créant à la fois image et musique électronique par des moyens manuels." William Moritz.

(films) : *Twenty four Variations* (1939-40), en collaboration avec James Whitney - *Film exercise n. 5* (1944) - *Hommage à Rameau* (1967) - *Permutations* (1968) - *Osaka 1-2-3* (1970) - *Arabesque* (1975).Il est l'auteur de nombreuses publications dont : DIGITAL HARMONY - A PERSONAL HISTORY OF MUSIC VISION.

Film Exercise n∞5
1944, 16 mm, 5'.

Hommage à Rameau
1967, 16 mm, 3'.

Osaka 1-2-3
1970, 16 mm, 3'

Arabesque
1975, 35 mm, 7'.

WYN EVANS Cerith
Grande-Bretagne

Né en 1958. Etudes audiovisuelles au Royal College of Arts de 1981 à 1984.
(films) : *Still Life with Phrenology Head* (1980) - *Have You Seen "Orphée" Recently ?* (1981) - *The Dream Machine* (1983) - *The Miracle of the Rose* (1984) - *Epiphany* (1984).

"Très peu de l'oeuvre de Cerith Wyn Evans existe en une forme distribuable; les films de ses débuts en Super 8 tournés à la fin des années 70 et au début des années 80 restent en sa possession en tirages originaux. Wyn Evans est un personnage influent, à la tête de la génération de réalisateurs plus jeunes qui ont adopté l'imagerie et la prolifération quasi rococco des significations, souvent réalisées selon un concept de "mise en scène" très élaboré et "décadent". Mêlant la musique et la sexualité, les films montrent l'érotisme sur un fond de cruauté raffinée rappellant Cocteau, Anger, et le cinéma japonais. L'effet global est une "synchronisation des sens" . Mike O'Pray.

Epiphany
1984, 16 mm, couleur, sonore, 26'.

"Wyn Evans se sert de manière ironique d'une bande son de musique exotique, de faux masques de théâtre, de fausses attitudes et des tricheries de la vidéo pour évoquer l'esthétique du désespoir dans une culture diminuée spirituellement par la publicité, les artifices des media et des récits exagérés.
Les emblèmes iconographiques de la société occidentale sont travaillés - un personnage "skinhead" gigantesque fait des gestes obscènes en chevauchant Piccadilly Circus. D'autres images et sons sont juxtaposés avec une ironie douloureuse dans la longue séquence finale lorsque des paillettes semblent saigner de la bouche d'une jeune fille innocente accompagnée par la chanson plaintive de Kathleen Ferrier.
Epiphany rend captifs les spectateurs de par sa visualisation riche et éclectique et en même temps l'éloigne par son contenu dérangeant et ses stratagèmes réfléchis." Mike O'Pray

The Miracle of the Rose
1984, 16 mm, couleur, sonore, 23'.

YALTER Nil
France

Plasticienne d'origine Turque, née au Caire, vit et travaille à Paris depuis 1965. Chargée de cours à l'Université de Paris I. Elle réalise des vidéos et des installations multimedia depuis 1973.
Ses oeuvres ont été présentées en Europe, en Turquie, à Taïwan et au Brésil.

Collections : FNAC (Fonds National d'Art Contemporain), Centre Georges Pompidou, Long Beach Museum of Art, Californie.

(Vidéos) : *La Femme sans tête, ou la danse du ventre* (1974) - *La Roquette, Prison de Femmes* (coréalisation : Nicole Croiset, 1975) - *Rahime, Femme Kurde de Turquie* (coréalisation : N. Croiset, 1979) - *Le Harem I* (1980) - *La Mer, Le Monde inversé* (coréalisation : N. Croiset, 1982) - *Les Nouveaux Mystères de Matemale* (1984) - *Les Escaliers de Matemale, ou Hommage au Bauhaus* (coréalisation : N. Croiset, 1985) - *Pyramis* (1988) - *Pyramis ou le Voyage d'Eudore* (1988) - *Rien n'est à Moi, rien n'est de Moi / Sade* (1989).

"(1) Je réalise des dessins, des peintures et des photos, en préliminaire à la bande vidéo.

(2) Une fois lieux, corps et objets choisis pour le tournage, je prépare les principes de base et je laisse libre cours à mon inspiration, à mon imagination, à mon instinct; autrement dit : "j'improvise" sur place.

(3) En studio, je travaille sur la bande vidéo avec une palette graphique et une régie. Ainsi, je mélange les images de l'ordinateur et les images réelles.

(4) Les résultats des étapes précédentes sont mis en place dans un lieu chargé de significations, pour créer des espaces dynamiques de lecture. Dans la bande vidéo, il y a interaction entre les motifs produits par l'ordinateur et les images réelles. Dans cet espace provisoire, il y a également interaction entre la bande vidéo et les peintures, les photos, les dessins. Ensuite, chaque élément vit sa propre vie..." N.Y.

"Rien n'est à moi, rien n'est de moi"- Marquis de Sade
1989, BVU Pal, couleur, sonore, 12'.

"Dans ce corps de femme se cache une sexualité secrète. Ce motif abstrait et répétitif, ce virus constructiviste perturbe l'ordre établi (celui du corps humain), traverse le corps morcelé, s'imprime sur le visage, apparaît et disparaît à des vitesses différentes sur les genoux et le poignet; prépare le corps à sa propre image.
La révolte naît entre les deux seins de la femme." N.Y.

INDEX PHOTOS

NOTES

INTRODUCTION :

(1) David Wharry, lettre du 8 Janvier 1979 à K.T., lors du tournage de *General Picture*.
(2) Jean Louis Schefer : "La Distance ajoutée" dans GALLOTTA, Paris, Editions Dis Voir, 1988.
(3) Mai 1989, International Experimental Film Congress, Toronto.
(4) Maurice Merleau-Ponty : LE VISIBLE ET L'INVISIBLE, Paris, Gallimard, 1964.
(5) Jean Baudrillard : "Une prophylaxie par le chaos" dans *Sida*, numéro spécial Libération, novembre 1989.
(6) Germaine Dulac "Les Esthétiques, les Entraves, la Cinégraphie Intégrale", dans l'ART CINÉMATOGRAPHIQUE, 1927
(7) Jean-François Lyotard : L'INHUMAIN. CAUSERIES SUR LE TEMPS, Paris, Galilée, 1988.
(8) Jorge Luis Borges : "Les Ruines Circulaires" dans FICTIONS. (C'est nous qui faisons le découpage des phrases).

MONTAGE / DEMONTAGE :

(1) Dziga Vertov, ARTICLES, JOURNAUX, PROJETS, Paris, Union générale d'éditions, 1972, p. 130.
(2) Paul Klee, THÉORIE DE L'ART MODERNE, Paris, Editions Gonthier, p. 63.
(3) Cité in Communications, n°48, *Vidéo*, p. 263, 1988.
(4) Cité in CINÉMA, THÉORIES, LECTURES, Paris, Klincksieck, 1973, p. 272.
(5) Voir notre article : "Andy Warhol, Painting/Movies / Moving", in Art Press, *spécial Audiovisuel*, 1982.
(6) En ce qui concerne l'approche des couleurs par la vidéo, voir notre article : "L'implosion dans le champ des couleurs", in Communications, opus cité, note 3.
(7) Cf. nos articles in PAYSAGES VIRTUELS, Paris, Dis Voir, 1988.

DE L'ART CINEMA A L'ART VIDEO: REMARQUES SUR QUELQUES PRESUPPOSES:

(1) "Woody Vasulka : Experimenting with visual alternative", entretien avec Ken Ausubel, News & Reviews, Santa Fe, 11 mai 1983; traduit in STEINA ET WOODY VASULKA VIDÉASTES, Ciné-MEXA / Ciné-doc, Paris, 1984.
(2) *Henri Chomette*, interview de Maurice Mairgance, L'Ami du Peuple, 28 janvier 1929.
(3) René Clair, conférence prononcée à Amsterdam le 19 janvier 1929, publiée in FILMLIGA, vol.II n°7, mars 1929.
(4) Laszlo Moholy-Nagy : "Problèmes du film moderne", 1928-1930, TELEHOR, Brno, 1936.
(5) A propos de l'image numérique et des procédés de simulation, Edmond Couchot note : "Il ne semble pas que l'on puisse exercer sur ces techniques un art de détournement critique à la manière dont certains artistes ont traité l'écran vidéo (Paik, Vostell); l'ordinateur a ceci de déconcertant qu'il est indétournable.3 ("La mosaïque ordonnée", Communications n°48, Paris, 1988).
(6) Fernand Léger : "Autour du Ballet mécanique", 1927.
(7) Man Ray : "It Has Never Been My Object To Record My Dreams", galerie Julien Levy, New York, 1945.
(8) Man Ray : "L'Age de la lumière", MAN RAY / PHOTOGRAPHIES / 1920-1934, ed. James Thrall Soby, Cahiers d'Art, 1934.
(9) Pascal Bonitzer : " La surface vidéo" in LE CHAMP AVEUGLE, cahiers du Cinéma-Gallimard, 1982.
(10) Edmond Couchot, op.cit.
(11) Pascal Bonitzer, op.cit.
(12) Au cas où il y aurait malentendu... il y a bien sûr de grandes oeuvres vidéo et des artistes confirmés qui n'explorent pas moins que les peintres et les cinéastes de nouvelles façons de percevoir et de penser : Steina et Woody Vasulka, Bill Viola, Bruce Nauman, Dan Graham, Wolf Vostell, Paik, Bill et Louise Etra... Ce qui est visé c'est le discours sur la vidéo comme "art de notre temps".

(13) Les artistes qui réalisent des installations vidéo (selon une démarche similaire à ceux qui font de l'expanded cinema) donnent du corps à la vidéo. Anne-Marie Duguet, dans un article qui analyse de multiples expérimentations dans ce champ, souligne justement que "le travail vidéographique sur les dispositifs met surtout en évidence le fait qu'il n'est plus possible désormais de penser la représentation seulement en termes d'image".("Dispositifs" in Communications, op.cit.).
(14) Sur ce thème, cf. Jean-François Lyotard : L'INHUMAIN, Galilée, 1988.

TRAITEMENTS D'IMAGES : LA TIREUSE ET L'INTERFACE CINEMA / VIDEO :

(l) Nous employons ici le nom en usage en France : celui donné par l'inventeur André Debrie à la tireuse qu'il mit au point dès 1929. (N.d.T.)
(2) Sur les techniques de tirage en général, voir INDEPENDANT FILMMAKINQ, Len-ny Lipton (Orbis, London, 1983)
(3) Cette évocation de l'histoire de la tireuse optique s'appuie sur l'ouvrage de Barry Salt FILM STYLE AND TECHNOLOGY HISTORY AND ANALYSIS. (Starwood, London, 1983)
(4) Voir "English Avant-Garde Film : An Early Chronology" David Curtis dans A Perspective on English Avant-Garde Film (Arts Council of Great-Britain Catalogue, 1978)
(5) Pour une histoire récente de l'Avant-Garde britannique, voir: "Warhol Waves : Andy Warhol and the British Avant-Garde", par A.L. Rees, in ANDY WARHOL : FILM FACTORY, sous la direction de M. O'Pray (BFI, 1989) ; "The New Pluralism" par M. O'Pray, in BRITISH FILM AND VIDEO 1980-85 : THE NEW PLURALISM (Tate Gallery Catalogue, 1985) et "The Elusive Sign from Asceticism to Aestheticism" par M. O'Pray dans THE ELUSIVE SIGN : BRITISH AVANT-GARDE FILM AND VIDEO 1977-1987, sous la direction de David Curtis. (Arts Council of Great Britain/British Council, 1987).
(6) Voir : "On Imagining October, Dr. Dee and Other Matters : an interview with Derek Jarman" Simon Fields et Michael O'Pray Afterimage n°12 (Autumn 1985).
(7) Voir DANCING LEDGE, par Derek Jarman.(Quarter, London, 1984).
(8) J'aimerais remercier David Curtis, Nicky Hamlyn, David Larcher, William Raban, A.L. Rees, Guy Sherwin, Moira Sweeney et tout particulièrement Malcolm Le Grice pour les informations, les points de vue et les souvenirs sur l'Histoire (faudrait-il dire, les histoires?) des tireuses de la London Filmmakers' Co-op. Michael O'PRAY

PEINDRE L'ONDE MUSICALE :

(1) NdT : "Action painting", mouvement artistique des années 50 dont Pollock et De Kooning furent les principaux initiateurs.

DICTIONNAIRE (ARTISTES, OEUVRES) :

* Le choix des artistes et des oeuvres dans ce dictionnaire correspond à la sélection des Rencontres Internationales Art Cinéma, Art Vidéo, Art Ordinateur basée sur les axes thématiques suivants :
- Dispositifs optiques.
- Traitement d'images et spécificité chimique et électronique (peintures, colla-ges, grattages, corrosions / textures électroniques / clairs-obscurs chimiques / rythmes visuels à la tireuse optique).
- Dispositifs numériques (les pionniers du film sur ordinateur, palette graphique et synthèse en 3 D).
- Décloisonnements (l'interface cinéma-vidéo / techniques mixtes / de l'analogique au numérique).
- Corps, mythes et fictions.

Achevé d'imprimer
sur les presses
de MAME IMPRIMEURS, à Tours
N° d'impression : 23983
Dépôt légal : janvier 1990